Robert Laffont

Claude Gagnière

2 000 mots d'esprit

.2 le plus portable des livres !

.2 est un nouveau format de poche, qui conjugue légèreté, solidité et maniabilité. Sa forme compacte et sa mise en page révolutionnaire permettent la publication d'œuvres intégrales dans un volume minimum et avec une excellente lisibilité.

Retrouvez toutes les informations et la liste des parutions sur

www.editionspoint2.com

Ce concept inédit en France a été inventé par l'imprimeur et éditeur Jongbloed (Pays-Bas), et le brevet a été déposé pour tous les pays sous le numéro EP 2 040 932. Point Deux a l'exclusivité d'exploitation du brevet pour la langue française jusqu'en octobre 2013.

Ce livre est une sélection de textes issus du *Bouquin des citations*,
du même auteur, publié chez Robert Laffont en 2000.

Couverture : © Virginie Perrolaz

ISBN 978-2-36394-046-9
ISSN 2116-9802

Un bon mot vaut mieux qu’un mauvais livre.

Jules Renard

Préface

J'ai toujours rencontré si peu d'esprit autour de moi qu'il a bien fallu que j'utilise le mien ! écrivait sans modestie excessive Paul Léautaud dans son *Journal*. Sans doute, le vieux ronchon avait-il quelques raisons de déplorer la sottise de ses contemporains et de constater que, à l'inverse du bon sens, l'esprit n'avait jamais été la chose au monde la mieux partagée. D'où la nécessité pour les plus pauvrement dotés de se fournir auprès d'autres qui en avaient à revendre.

Sophie Arnould ne fut pas seulement la cantatrice célèbre grâce à laquelle triomphèrent les opéras de Gluck et de Rameau, elle était aussi l'amie des philosophes et d'abord du plus grand d'entre eux, ce Monsieur de Voltaire à qui elle adressa un jour le charmant billet que voici :

Monsieur, je serais heureuse que vous vinssiez déjeuner chez moi. Vous ne vous amuserez pas beaucoup car je n'ai pas d'esprit… mais votre visite me permettra d'en avoir le lendemain, car j'ai bonne mémoire.

Était-il possible de faire preuve de plus d'esprit dans la lettre même où l'on prétendait en manquer ? Ce que savait d'expérience la belle Sophie, et qu'elle se gardait bien de dire, c'est qu'avoir de la mémoire ne suffit pas à acquérir pour autant un brevet d'esprit ! Réchauffer platement un trait d'humour entendu la veille ne saurait passer pour de l'intelligence car il faut avoir de l'esprit soi-même pour bien citer celui des autres, de la même façon qu'il y a de la grâce à bien cueillir les roses !

Chaque siècle a vu naître quelques écrivains d'exception qui semblent n'être venus au monde que pour répandre autour d'eux l'intelligence, la sagesse ou la folie, la poésie, la dérision, la beauté, la révolte ou le rire.

Dans leurs œuvres, quelques phrases scintillent comme autant de paillettes au soleil qui méritent d'être recueillies et conservées par quelques « orpailleurs » de mots. L'accumulation de ces formules lumineuses constitue un trésor d'esprit dans lequel les générations successives n'ont pas manqué de puiser à pleins bras. Chacune de ces phrases – sentence, paradoxe, maxime, alexandrin, aphorisme, boutade ou apophtegme – citée à point nommé, ajoute du charme ou du piquant à la plus banale des conversations et la surprise heureuse qu'elle provoque est non seulement un hommage à son auteur, mais également un brevet de culture décerné à celui qui a su la citer – la ressus... citer ! – avec esprit.

Immédiatement après l'auteur d'une sentence vient le premier qui la cite, écrivait Emerson.

Depuis trente siècles que les hommes ont pris l'habitude de penser et d'écrire, tout a été dit ou presque et c'est davantage dans les mots que dans les idées que doit se rechercher l'originalité.

Car un bon mot n'est un bon mot qu'en ce qu'il dit une chose que chacun pensait, et qu'il la dit d'une manière vive, fine et nouvelle, disait le vieux Boileau. Déjà ! Une bonne citation serait donc celle qui, à partir des idées de tout le monde, exprimerait les choses comme personne.

Ainsi va l'esprit, à travers les siècles et les générations, nourri de citations vieilles comme le monde et toujours recommencées.

Le petit frisson avant-coureur d'une jolie phrase qui vient..., notait avec une précision quasi médicale Jules Renard dans son *Journal*. Sans doute, celui qui écrivit en telle abondance des mots qui firent fortune et des phrases immortelles éprouva-t-il tant de ces « petits frissons », que l'on s'étonne presque d'apprendre qu'il ne mourut pas de froid !

N'est-il pas, en effet, du destin des jolies phrases de déclencher sur leur passage une série de frissons ? Car, à celui de l'auteur qui s'apprête à l'écrire s'ajoutera un jour celui du lecteur ravi de la découvrir… deux frissons décalés dans le temps, comme deux guillemets pour lui servir de cadre.

Les bonheurs d'écriture sont des papillons rares qui passent et qu'il faut saisir au vol de crainte de les voir s'enfuir à jamais : épingler une phrase ou un papillon, pour pouvoir l'admirer à loisir, revient à lui décerner une « citation » à l'ordre de la beauté fugitive et à lui faire franchir un pas vers l'immortalité.

Une collection de citations, par la grâce des phrases heureuses ou remarquables qu'elle contient, témoigne de ce qu'une langue, prise en flagrant délit d'esprit ou d'intelligence peut produire de meilleur. Ce qui revient à dire qu'un tel recueil serait, à tous les sens du mot, le livre… par excellence. Un danger pourtant guette le superlatif, celui de sa surabondance même.

Si tout ici-bas était excellent, écrivait Diderot, *il n'y aurait plus rien d'excellent.* Voilà pourquoi toutes ces belles phrases ne doivent pas être lues à la suite sous peine d'infliger au lecteur une indigestion, comme il en serait d'une suite de plats trop riches.

En fonction de son humeur du jour et de son envie du moment, il doit picorer au hasard, se laisser aller à vagabonder d'un mot-clé à un autre, s'attardant sur telle maxime profonde, souriant au passage à tel paradoxe désinvolte, pour découvrir aujourd'hui la phrase hier passée inaperçue.

Celui qui rit vendredi, pleure, on le sait, le dimanche, de même que la pensée, négligée le samedi, deviendra peut-être l'indispensable – lundi… spensable ? – du surlendemain.

Un jour vient cependant où, à cette lecture vagabonde, doit se substituer l'exploration systématique de A à Z du recueil, afin que des pages inexplorées ne gardent pas secrètes les phrases qu'elles contiennent.

Un recueil de citations est un compagnon de chevet à la conversation inépuisable, un ami qui sait l'art de meubler les heures d'ennui, d'occuper les insomnies, de calmer les angoisses, d'exciter l'imagination et de faire revenir les sourires perdus.

Des dictionnaires ou des recueils de citations ont été publiés par dizaines. Aucun ne ressemble à l'autre car chacun est le portrait de son auteur, de ses goûts, de son humeur et de ses lectures. Tous, autant que nous sommes, sommes faits de mots et de phrases et nos citations sont plus nous que nous. Dis-moi ce que tu cites et je te dirai qui tu es !

L'auteur d'un recueil de citations ne doit pas se reconnaître d'autre mérite que celui de l'hôte qui a réuni tous les amis brillants et drôles, tous les littérateurs, philosophes, poètes et tous les mauvais garçons aussi, les révoltés ou les fous qu'il a fréquentés et aimés à travers leur œuvre. Il n'a pas de plus grand plaisir que de les faire connaître à ses lecteurs afin de partager son bonheur avec eux.

Je m'arrêterais de mourir s'il me venait un bon mot, plaisantait Voltaire. Vous trouverez dans ces pages, ami lecteur, plus de deux mille raisons de vivre longtemps, heureux et sage. Se passionner pour des phrases dont certaines méritent d'être éternelles, n'est-ce pas s'approcher, si peu que ce soit de l'immortalité ?

Claude Gagnière

A

Abat-jour

Né en Pologne, j'aurais fait un bel abat-jour.

Woody Allen

Abbé Pierre

J'ai arrêté d'envoyer de vieux habits à l'abbé Pierre :
il ne les met jamais !

José Artur

Abîme

Chaque homme est un abîme,
on a le vertige quand on se penche dessus.

Georg Büchner

Il faut quelquefois se promener au bord de l'abîme. Même si je descends jusqu'en enfer, le bras de Dieu est assez long pour m'en retirer. Il l'a dit en propres termes dans l'Écriture. Je sais qu'Il est là. Et non seulement, je le sais, mais je le crois.

JULIEN GREEN

Si tu plonges longtemps ton regard dans l'abîme,
l'abîme te regarde aussi.

FRIEDRICH NIETZSCHE

Absence

L'absence est à l'amour ce qu'est au feu le vent,
Il éteint le petit, il allume le grand.

ROGER DE BUSSY-RABUTIN

Qu'il faut donc aimer quelqu'un pour le préférer à son absence !

JEAN ROSTAND

Absent

Les amants et les maris ne doivent pas trop rester dehors.
J'ai connu des absents qui avaient tort quatre fois par jour.

LORD BYRON

Une femme écrivait à son amant :
« Revenez vite. J'aimerais Dieu si je pouvais aimer les absents. »

ANTOINE DE RIVAROL

Absolution

L'oubli de ses propres fautes est la plus sûre des absolutions.

OSCAR WILDE

Absurde

J'ai plus de souvenirs que si j'avais Turin[1].

LOUIS SCUTENAIRE

Absurdité

L'absurdité est surtout le divorce de l'homme et du monde.

ALBERT CAMUS

Il n'y a point d'absurdité
qui n'ait été soutenue par quelque philosophe.

CICÉRON

La vie est pleine d'absurdités qui peuvent avoir l'effronterie de ne pas paraître vraisemblables. Et savez-vous pourquoi ? Parce que ces absurdités sont vraies.

LUIGI PIRANDELLO

1. Baudelaire, « J'ai plus de souvenirs que si j'avais mille ans. », *Les Fleurs du mal*.

Académicien

Un académicien, c'est un type qui a un pied dans la tombe
et qui écrit avec l'autre.

Anonyme

Il n'est pas déshonorant d'être académicien ;
ce qui est déshonorant, c'est d'être candidat.

Tristan Bernard

Académicien ? Non. Le costume coûte trop cher.
J'attendrai qu'il en meure un de ma taille.

Tristan Bernard

Les académiciens français se demandent toujours
ce que les trente-neuf autres font sous la Coupole.

Philippe Bouvard

Académie

Quand je n'aurai plus qu'une paire de fesses pour penser,
j'irai l'asseoir à l'Académie.

Georges Bernanos

L'Académie est le chef-d'œuvre de la puérilité sénile.

Victor Hugo

Les académies sont des sociétés comiques où l'on garde son sérieux.

Mme de Linauge

Académie française

Donnez-moi quarante trous du cul
et je vous fais une Académie française.

Georges Clemenceau

L'Académie est plus qu'une institution,
c'est une habitude de la France.

Alphonse de Lamartine

Quarante appelés et peu de lus.

Pierre Véron

Accouplement

Les seules créatures qui s'accouplent en se faisant face sont l'homme et le sandwich au pâté.

François Cavanna

Accuser

Il y a une certaine volupté à s'accuser soi-même. Dès que nous nous blâmons, il nous semble que personne d'autre n'a plus le droit de le faire.

Oscar Wilde

Acquiescement

L'acquiescement éclaire le visage. Le refus lui donne la beauté.

René Char

Actualité

L'actualité, c'est ce qui, ce matin,
semble être quelque chose et, ce soir, ne sera plus rien.

JEAN MISTLER

Adultère

Si le Christ a pardonné à la femme adultère,
c'est parce que ce n'était pas la sienne.

Anonyme

La liberté d'aimer n'est pas moins sacrée que la liberté de penser.
Ce qu'on appelle aujourd'hui l'adultère est identique
à ce qu'on appelait autrefois, l'hérésie.

VICTOR HUGO

Aimer

Est-il meilleur d'aimer ou d'être aimé ?
Ni l'un ni l'autre si notre taux de cholestérol excède 5,35.

Woody Allen

Il y a plus de gens qui veulent être aimés
que de gens qui veulent aimer eux-mêmes.

Nicolas de Chamfort

On aime une femme pour ce qu'elle n'est pas ;
on la quitte pour ce qu'elle est.

Serge Gainsbourg

Pour moi, être aimé n'est rien, c'est être préféré que je désire.

André Gide

Ce qu'on aime dans un autre, c'est soi, c'est son plaisir,
c'est le plaisir qu'on lui donne et qui est encore une forme du nôtre.

PAUL LÉAUTAUD

Est-ce ma faute à moi si j'aime mieux les femmes
que j'aime que les femmes que je n'aime pas ?

ABBÉ PRÉVOST

Faites en sorte d'obtenir ce que vous aimez,
sinon vous serez forcé d'aimer ce que vous obtenez.

GEORGE BERNARD SHAW

Alcool

L'alcool est un ennemi. Qui fuit l'ennemi est un lâche.

Pancarte vue dans un bistrot

Et tu bois cet alcool brûlant comme ta vie
Ta vie que tu bois comme une eau-de-vie.

GUILLAUME APOLLINAIRE

Alcoolique

Un alcoolique, c'est quelqu'un que vous n'aimez pas
et qui boit autant que vous.

Réplique du film *Bullitt* de Peter Yates

Almanach

Les savants font les almanachs. Dieu fait le temps.

Proverbe

Amant

Les amants éternels meurent toujours à la fleur de l'âge.

Jean Cocteau

Ambition

L'ambition individuelle est une passion enfantine.

Charles de Gaulle cité par André Malraux

L'ambition est le dernier refuge du raté.

Oscar Wilde

Âme

Si j'avais mille âmes, je te les donnerais ;
je n'en ai qu'une, prends-la mille fois.

Proverbe espagnol

Il faut soigner le corps pour que l'âme s'y plaise.

Saint François de Sales

Rendre l'âme ? d'accord, *mais à qui* ?

Serge Gainsbourg

Amérique

Bien sûr, l'Amérique avait été découverte avant Christophe Colomb,
mais le secret avait été bien gardé.

Oscar Wilde

Ami

Un ami est quelqu'un qui déteste les mêmes gens que vous.

Anonyme

Ce n'est pas un ami que l'ami de tout le monde.

Aristote

Pour trouver un ami, vous devez fermer un œil ;
et fermer les deux si vous voulez le garder.

Norman Douglas

Le meilleur moyen de se défaire d'un ennemi,
c'est de s'en faire un ami.

Henri IV

Beaucoup d'amis sont comme le cadran solaire :
ils ne marquent que les heures où le soleil vous luit.

Victor Hugo

Un ami, c'est quelqu'un qui vous connaît bien
et qui vous aime quand même.

Hervé Lauwick

Soutiens ton ami surtout quand il a tort ;
quand il a raison, il n'a pas besoin de toi.

Henri Lavedan

L'homme n'a pas d'amis, c'est son bonheur qui en a.

Napoléon Ier

Il ne faut pas regarder quel bien nous fait un ami,
mais seulement le désir qu'il a de nous en faire.

Mme de Sablé

Amour

L'amour est la poésie des sens.

Honoré de Balzac

En amour, il y en a toujours un qui souffre et l'autre qui s'ennuie.

HONORÉ DE BALZAC

L'amour, cette lampe que l'on déplace
pour trouver une ombre nouvelle.

DANIEL BOULANGER

L'amour platonique est à l'amour charnel
ce que l'armée de réserve est à l'armée active.

PIERRE DAC

L'amour, c'est l'effort que fait l'homme
pour se contenter d'une seule femme.

PAUL GÉRALDY

L'amour est cette merveilleuse chance qu'un autre vous aime encore
quand vous ne pouvez plus vous aimer vous-même.

JEAN GUÉHENNO

L'amour, ça naît de rien et ça meurt de tout.

Alphonse Karr

L'amour est aveugle, mais le mariage lui rend la vue.

Georg Christoph Lichtenberg

Il n'y a pas d'amour, il n'y a que des preuves d'amour.

Jean Cocteau
(Dialogue du film « Les Dames du Bois de Boulogne »).

Doutez, si vous voulez, de l'être qui vous aime,
D'une femme ou d'un chien, mais non de l'amour même.

Alfred de Musset

L'amour, c'est l'espace et le temps rendus sensibles au cœur.

Marcel Proust

L'amour est la seule passion qui se paye
d'une monnaie qu'elle fabrique elle-même.

Stendhal

L'amour n'est pas aveugle, il est atteint de presbytie.
La preuve, c'est qu'il ne commence à distinguer les défauts
que lorsqu'il s'éloigne.

Miguel Zamacoïs

Amour (faire l')

Il se pratiquait à Claquebue quatorze manières de faire l'amour que le curé n'approuvait pas toutes. La description n'en importe pas ici et je craindrais d'ailleurs de m'y échauffer.

Marcel Aymé

Il faut choisir dans la vie : gagner de l'argent ou le dépenser.
On n'a pas le temps de faire les deux.

Édouard Bourdet

Il faut mépriser l'argent… surtout la petite monnaie.

François Cavanna

Ce qu'il y a de plus odieux dans l'argent,
c'est qu'il confère même des talents.

Fedor Dostoïevski

L'argent ne fait pas le bonheur de celui qui m'en a prêté.

Pierre Perret

Si l'argent ne fait pas le bonheur… rendez-le !

Jules Renard

L'argent n'a pas d'idée.

Jean-Paul Sartre

Quand j'étais jeune, je croyais que, dans la vie, l'argent était ce qu'il y a de plus important. Maintenant que je suis vieux, je le sais.

Oscar Wilde

Arme

Les femmes disposent de deux armes redoutables : le fard et les larmes. Heureusement pour les hommes, elles ne peuvent pas s'en servir en même temps.

Attribué à Marilyn Monroe

Arriver

Pour arriver, il faut mettre de l'eau dans son vin jusqu'à ce qu'il n'y ait plus de vin.

Jules Renard

Art

L'art, c'est l'homme ajouté à la nature.

FRANCIS BACON

L'art existe à la minute où l'artiste s'écarte de la nature.

JEAN COCTEAU

L'art qui se soumet à une orthodoxie,
fût-ce celle de la plus saine des doctrines, est perdu.

ANDRÉ GIDE

L'art commence avec la difficulté.

ANDRÉ GIDE

L'art, c'est le plus court chemin de l'Homme à l'Homme.

ANDRÉ MALRAUX

L'art vit de contraintes et meurt de liberté.

MICHEL-ANGE

Une œuvre d'art devrait toujours nous apprendre
que nous n'avions pas vu ce que nous avons vu.

PAUL VALÉRY

Artichaut

Avant de demander la main d'une jeune fille,
regardez-la manger des artichauts.

LOUIS TEISSIER DU CROS

Asile

Il y a des fous partout, même dans les asiles.

JULES RENARD

Assassinat

L'assassinat est la forme la plus extrême de la censure.

GEORGE BERNARD SHAW

Évitez l'assassinat, il conduit au vol et ce dernier est presque toujours le chemin de la dissimulation.

Henri Somm

Athée

Pour vous, je suis un athée. Pour Dieu, je suis un opposant loyal.

Woody Allen

Je suis athée… Dieu merci !

Miguel de Unamuno

Au-delà

Je ne crois pas en l'au-delà, mais j'emporte toujours un caleçon de rechange.

Woody Allen

Auteur

Non seulement les auteurs n'acceptent que des éloges,
mais encore ils exigent qu'on ne leur dise que la vérité.

JULES RENARD

Le pouvoir de l'auteur, c'est de rendre les choses nouvelles
familières et les choses familières nouvelles.

WILLIAM MAKEPEACE THACKERAY

Automobile

Le chauffeur est, de loin,
la partie la plus dangereuse de l'automobile.

LÉO CAMPION

Le jour où les autos penseront,
les Rolls Royce seront plus angoissées que les taxis.

HENRI MICHAUX

Auto-stop

Une auto-stoppeuse est une jeune femme,
généralement jolie et court vêtue, qui se trouve sur votre route
quand vous êtes avec votre femme.

Woody Allen

Autrui

Nous avons inventé autrui
Comme autrui nous a inventé
Nous avions besoin l'un de l'autre.

Paul Éluard

Autrui nous est indifférent
et l'indifférence n'incline pas à la méchanceté.

Marcel Proust

Auvergne

La France, c'est l'Auvergne avec quelque chose autour.

Proverbe… auvergnat

[Les Auvergnats] ont des cheveux noirs, des yeux de braise,
des dents luisantes et des chandails superposés, les uns marron,
les autres aubergine. En laine épaisse. Pour le 15 août,
ils en enlèvent un. À la Toussaint, ils en ajoutent deux.
À la fin de leur vie, ils sont devenus pure laine.

Alexandre Vialatte

L'Auvergne produit des ministres, des fromages et des volcans.

Alexandre Vialatte

Avare

Les hommes ne haïssent l'avare
que parce qu'il n'y a rien à gagner avec lui.

Voltaire

Avenir

L'avenir est à ceux qui se lèvent tôt, surtout le matin.

Anonyme

L'avenir, c'est du passé en préparation.

Pierre Dac

Même l'avenir n'est plus ce qu'il était.

Paul Valéry

Aventure

Quand il n'y aurait qu'une chance sur mille de trouver l'aventure au coin de la rue, il faudrait aller au coin de la rue.

Henry de Montherlant

Aveugle

Les aveugles ne trompent pas leur femme,
ils se trompent de femme.

LEE VOIRIEN
(comédien non voyant)

B

Bach

Je ne connais rien à la musique. Pendant des années j'ai cru que les *Variations Goldberg* étaient un truc que M. et Mme Goldberg ont essayé de faire pendant leur nuit de noces.

Woody Allen

S'il y a quelqu'un qui doit tout à Bach, c'est bien Dieu.

Emil Michel Cioran

Comme disait son heureuse fiancée :
« J'ai eu mon Bach du premier coup ! »

Pierre Desproges

Baignoire

À la fin de sa vie, quand Orson Welles était dans une baignoire,
c'était l'eau ou lui.

José Artur

Baiser

Je lui fermai la bouche d'un baiser derrière l'oreille.

Alphonse Allais

Les femmes se souviennent encore de leur premier baiser
alors que les hommes ont déjà oublié le dernier.

Remy de Gourmont

Un baiser légal ne vaut jamais un baiser volé.

Guy de Maupassant

Ballet

C'était *La Mort du cygne*. Des bruits couraient que le ballet avait été commandité par des bookmakers du nord de l'État de New York et que l'on pariait gros sur la survie de l'oiseau.

WOODY ALLEN

Banque

Si vous devez cent dollars à la banque, c'est votre problème.
Si vous devez cent millions de dollars à la banque,
c'est le problème de la banque.

JOHN PAUL GETTY
(milliardaire)

Barbare

Le barbare, c'est d'abord l'homme qui croit à la barbarie.

CLAUDE LÉVI-STRAUSS

Barbe

Si la barbe suffisait à la sagesse, un bouc vaudrait Platon.

Proverbe grec

Tous les hommes de ma famille portaient la barbe
et la plupart des femmes aussi.

W. C. Fields

Bataille

Tant que Napoléon a choisi d'appeler ses batailles Austerlitz ou Wagram, tout s'est très bien passé : le jour où il a décidé d'en baptiser une Waterloo, vous avez vu le résultat.

Pierre Dac

Il ne faut livrer que les batailles que l'on est sûr de gagner.

Mao Tsé-Toung

Bavard

Les bavards sont ceux qui vous parlent des autres. Les raseurs sont ceux qui vous parlent d'eux-mêmes. Mais ceux qui vous parlent de vous sont de brillants causeurs.

MARCEL PAGNOL

Les bavards sont les plus discrets des hommes : ils parlent pour ne rien dire.

VOLTAIRE

Beatles (The)

Les Beatles n'existeront plus tant que John [Lennon] sera mort.

GEORGE HARRISON

Beau

Beau comme la rencontre fortuite sur une table de dissection d'une machine à coudre et d'un parapluie.

LAUTRÉAMONT

Beauté

La beauté est une. Seule la laideur est multiple.

JULES BARBEY D'AUREVILLY

L'étrangeté est le condiment nécessaire de toute beauté.

CHARLES BAUDELAIRE

La vraie beauté est si particulière, si nouvelle, qu'on ne la reconnaît pas pour la beauté.

MARCEL PROUST

La beauté est dans les yeux de celui qui regarde.

OSCAR WILDE

Bègue

Je ne connais pas de gens qui aiment plus à parler que les bègues.

DENIS DIDEROT

Belge

C'est un Belge qui a inventé les chaussettes à quartz. Il dit que c'est pratique parce qu'on n'a pas besoin de les remonter.

COLUCHE

Le Belge John Huismans a réussi à tirer une locomotive sur cent cinquante mètres à la seule force de ses dents. À notre connaissance, c'est la première fois qu'un Belge s'appelle John.

PIERRE DESPROGES

Belle

Elle était belle comme la femme d'un autre.

PAUL MORAND

Best-seller

Si seulement toutes mes anciennes petites amies achetaient mon livre, ce serait un best-seller.

ROD HUNDLEY

Bête

Tous les hommes sont des bêtes.
Les princes sont des bêtes qui ne sont pas attachées.

Charles de Montesquieu

Bêtise

Deux choses sont infinies : l'Univers et la bêtise humaine.
Mais, en ce qui concerne l'Univers, je n'en ai pas encore acquis la certitude absolue.

Albert Einstein

La bêtise ne dépasse jamais les bornes,
où qu'elle pose le pied, là est son territoire.

Stanislaw Jerzy Lec

Bible

Mon père tient de sa tante May. Elle rejetait la Bible

parce que le personnage central était invraisemblable.

Woody Allen

Il cherchait dans la Bible un bon restaurant en Palestine.

L. Langanesi

Bibliothèque

Une bibliothèque est un hôpital pour l'esprit.

Phrase inscrite sur l'ancienne bibliothèque d'Alexandrie.

Bibliothèque : trop de volumes et pas assez de livres.

Adrien Decourcelle

Bigamie

En Angleterre, un homme accusé de bigamie est sauvé
par son avocat qui démontre que son client avait trois femmes.

Georg Christoph Lichtenberg

Biographe

De nos jours, tout grand homme a ses disciples.
Malheureusement, c'est toujours Judas qui écrit la biographie.

OSCAR WILDE

Biographie

Le roman est l'art de créer un homme,
la biographie est l'art de le ressusciter.

BENJAMIN JAMES, cité par CLAUDE JEAN

Bisexuel

Je ne comprends pas pourquoi il n'y a pas davantage de bisexuels :
ça doublerait nos chances le samedi soir.

WOODY ALLEN

Boisson

Ils traitent une femme comme une boisson désaltérante.
Que les femmes aient soif, ils ne veulent pas le tolérer.

Karl Kraus

Bonheur

Le bonheur est une récompense
qui vient à ceux qui ne l'ont pas cherchée.

Alain

Le bonheur, c'est une bonne santé et une mauvaise mémoire.

Albert Schweitzer
Attribué également à Ingrid Bergman

Il en est du bonheur comme des montres : les moins compliquées
sont celles qui se dérèglent le moins.

Nicolas de Chamfort

Le bonheur n'est pas le but, mais le moyen de la vie.

Paul Claudel

Le bonheur est un rêve d'enfant réalisé dans l'âge adulte.

SIGMUND FREUD

Le bonheur est une petite chose qu'on grignote, assis par terre,
au soleil.

JEAN GIRAUDOUX

Chercher le bonheur dans cette vie,
c'est là le véritable esprit de rébellion.

HENRIK IBSEN

Le bonheur n'existe pas. Par conséquent,
il ne nous reste qu'à essayer d'être heureux sans.

JOE LEWIS

Ce qu'il y a d'admirable dans le bonheur des autres,
c'est qu'on y croit.

MARCEL PROUST

Si l'on bâtissait la maison du bonheur,
la plus grande pièce serait la salle d'attente.

JULES RENARD

J'ai connu le bonheur, mais ce n'est pas ce qui m'a rendu
le plus heureux.

JULES RENARD

Quand vous aurez cessé de songer au bonheur, vous l'aurez trouvé.

CHARLES SECRÉTAN

Le bonheur a les yeux fermés.

PAUL VALÉRY

Bordel

Fermer les maisons closes, c'est plus qu'un crime,
c'est un pléonasme.

ARLETTY

Borgne

Le cyclope aveugle à qui on a crevé un œil dit : « Je suis borgne. »

Guillaume Apollinaire

Les borgnes lisent le braille à une main.

Philippe Geluck

Botanique

La botanique est l'art de dessécher les plantes entre des feuilles de papier buvard et de les injurier en grec et en latin.

Jules Renard

Bouche

Une bouche si belle que, vraiment,
on ne saurait dire qu'elle a une lèvre inférieure.

Jules Renard

Bouddha

Le Bouddha prêche une sagesse sans dieux
et quelques siècles plus tard on le met sur un autel.

ALBERT CAMUS

Bouillabaisse

Seul plat français permettant de facturer la rouille
au prix du fer forgé.

PHILIPPE BOUVARD

Boulevard

Pourquoi Malesherbes, Haussmann et Périphérique ont-ils eu droit chacun à un boulevard, alors qu'ils n'étaient pas maréchaux d'Empire ?

PIERRE DESPROGES

Bruit

Si les bruits manquaient de corps, ils ne courraient pas aussi vite.

Pierre Dac

Le bruit ne fait pas de bien, le bien ne fait pas de bruit.

Saint Vincent de Paul

Brûler

Là où l'on brûle des livres on finira par brûler des hommes.

Heinrich Heine

C

Cacher

Comme il est dangereux de cacher quelque chose à nos amis,
il l'est aussi beaucoup de ne leur cacher jamais rien.

Mme de La Fayette

Cadran solaire

Sum si sol sit.
(Je ne suis que si le soleil est là.)

Cadran solaire dans l'île d'Aix

Omnes vulnerant, ultima necat.
(Toutes blessent, la dernière tue.)

Cadran solaire sur l'église d'Urrugne

Horas ne numero nisi serenas.
(Je ne te marquerai que l'heure des beaux jours.)

Cadran solaire à Venise

Dieu, qui remonte nos cadrans solaires.

Georg Christoph Lichtenberg

Au temps heureux des cadrans solaires,
il n'y avait pas l'ombre d'une exactitude.

Albert Willemetz

Café

Le café est un breuvage qui fait dormir quand on n'en prend pas.

Alphonse Allais

Le comptoir d'un café est le parlement du peuple.

HONORÉ DE BALZAC

Si ça c'est du café, soyez aimable de m'apporter du thé ;
mais si c'est du thé, alors, s'il vous plaît, apportez-moi du café.

ABRAHAM LINCOLN

Calembour

Un peu d'Eire, ça fait toujours Dublin.

JEAN-PAUL GROUSSET

Si haut qu'on monte, on finit toujours par des cendres.

HENRI ROCHEFORT

Campagne

Savez-vous pourquoi l'air est si pur à la campagne ?
– C'est parce que les paysans dorment la fenêtre fermée.

Attribué à EUGÈNE IONESCO

Les villes devraient être bâties à la campagne ; l'air y est pur.

Henri Monnier[1]

Capital

Les économistes ont raison, disait un homme de Bourse : le capital est du travail accumulé. Seulement, comme on ne peut pas tout faire, ce sont les uns qui travaillent et les autres qui accumulent.

Auguste Detœuf

Capitalisme

Sous le capitalisme, les gens ont davantage de voitures.
Sous le communisme, ils ont davantage de parkings.

Winston Churchill

Caricature

La caricature est l'hommage que la médiocrité paie au génie.

Oscar Wilde

Carrière

Quand tu montes à l'échelle, souris à tous ceux que tu dépasses, car tu croiseras les mêmes en redescendant.

Proverbe américain cité par PIERRE BOUTEILLER.

Une carrière réussie est une chose merveilleuse, mais on ne peut pas se pelotonner contre elle, la nuit, quand on a froid l'hiver.

MARILYN MONROE

Catholicisme

À quoi cela servirait-il, mon Dieu, d'être catholique si, en plus, il fallait avoir des remords comme les protestants !

JEAN ANOUILH

1. N'en déplaise à tous les journalistes qui s'obstinent à attribuer cette forte pensée à Alphonse Allais.

Croyez-vous que le bon Dieu soit catholique ?

Georg Christoph Lichtenberg

Célibat

Le célibat n'est pas héréditaire.

Attribué à Oscar Wilde

Célibataire

Le célibataire vit comme un roi et meurt comme un chien. L'homme marié, lui, vit comme un chien et meurt comme un roi.

Jean Anouilh

Censure

La censure quelle qu'elle soit me paraît une monstruosité, une chose pire que l'homicide ; l'attentat contre la pensée est un crime de lèse-âme [...]. La mort de Socrate pèse encore sur le genre humain.

Gustave Flaubert

Centenaire

Pour devenir centenaire, il faut commencer jeune.

Proverbe russe

Cercle

Prenez un cercle, caressez-le, il deviendra vicieux.

Eugène Ionesco

Cercueil

La seule chose que l'on peut obtenir à temps des artisans, c'est un cercueil.

Jean-Paul

Cerveau

Je suis tellement intelligent que mon cerveau est mon deuxième organe favori.

Woody Allen

Chagrin

– Ton père et moi, tu nous feras mourir de chagrin…
– Tant mieux, comme ça on ne retrouvera pas l'arme du crime.

Michel Audiard

Au fond, voyez-vous, le chagrin, c'est comme le ver solitaire :
le tout, c'est de le faire sortir.

Marcel Pagnol

Champignon

Les amours, c'est comme les champignons.
On ne sait si elles appartiennent à la bonne ou à la mauvaise espèce
que quand il est trop tard.

Tristan Bernard

Chance

Précipite dans le Nil l'homme qui a de la chance, et il remontera avec un poisson dans la bouche.

Proverbe égyptien

Chanceux

Les chanceux sont ceux qui arrivent à tout...
Les malchanceux sont ceux à qui tout arrive.

EUGÈNE LABICHE

Changer

Tout ce que je demande aux hommes politiques
c'est de changer le monde sans changer la vérité.

JEAN PAULHAN

Charité

Le riche, quand il a été bon avec un pauvre,
lui demanderait volontiers un certificat de charité.

JEAN ROSTAND

Charme

Le charme : une manière de s'entendre répondre oui,
sans avoir posé aucune question claire.

ALBERT CAMUS

Chasse

À la chasse et en amour,
on commence quand on veut et on termine quand on peut.

Proverbe espagnol

La chasse est, de tous les sports, le plus cynégétique.
C'est même le seul qui le soit vraiment.

ALEXANDRE VIALATTE

Chat

Si ma maison brûle, entre Vélasquez et le chat,
je n'hésite pas, je sauve le chat.

GIACOMETTI

L'idée du calme est dans un chat assis.

Jules Renard

Les chats ont de la veine : l'obscurité ne les empêche pas de lire.

Louis Scutenaire

Chaussure

Les gens qui ont le menton en galoche et dont les dents se déchaussent y mettent vraiment de la mauvaise volonté.

Pierre Dac

Chemin

Si haut qu'il peut grimper, un chemin qui monte n'est rien d'autre qu'un chemin qui descend en sens inverse et réciproquement.

Pierre Dac

Cher

Ce n'est pas ce qui est beau qui est cher ;
c'est ce qui est cher qui est beau.

Proverbe yiddish

Cheval

Le cheval, comme chacun sait,
est la part la plus importante du chevalier.

Jean Giraudoux

La plus noble conquête de l'homme, c'est le cheval, dit le président,
et s'il n'en reste qu'un, je serai celui-là.

Jacques Prévert

Le cheval est le seul animal que je connaisse dans lequel
on peut planter des clous.

Jules Renard

Chien

L'os dit au chien : « Je suis dur. » Le chien répond : « J'ai le temps. »

Proverbe arabe

Quand un seul chien se met à aboyer à une ombre,
dix mille chiens en font une réalité.

Proverbe chinois, cité par E. M. Cioran

Mon chien est athée : il ne croit plus en moi.

François Cavanna

Ils n'ont pas pu avoir de chien, alors *ils ont fait un enfant*.

Coluche

Plus je connais les hommes, plus j'aime mon chien.
Plus je connais les femmes, moins j'aime ma chienne.

Pierre Desproges

Chine

La Chine, c'est gai ! Plus on est de fous, moins il y a de riz.

COLUCHE

Chipie

Pourquoi être simplement assommante alors qu'avec un petit effort vous pourriez être insupportable ?

OSCAR WILDE

Chose

Si les choses étaient vraiment ce qu'on voulait qu'elles fussent, il *s*'en trouverait encore pour regretter qu'elles ne *soient plus* ce qu'elles étaient.

PIERRE DAC

Cimetière

Les cimetières sont les vestiaires de la résurrection.

André Frossard

Cinéma

Le cinéma est l'art de faire faire des jolies choses à des jolies femmes.

Jean Auriol

Le cinéma, c'est la mort au travail.

Jean Cocteau

Le cinématographe : Une encre de lumière.

Jean Cocteau

Le cinéma, c'est comme l'amour : quand c'est bien fait,
c'est merveilleux ! mais quand c'est mal fait,
c'est un petit peu merveilleux quand même !

Stanley Donen

Ils auraient pu s'appeler ABAT-JOUR… ils s'appelèrent LUMIÈRE.
Ils avaient presque la même bobine.

JEAN-LUC GODARD

Circoncision

1er janvier. Sur le calendrier, on lit *Circoncision*. Ça commence bien !
Qu'est-ce qui va nous rester à la fin de l'année ?

ROBERT ROCCA

Citation

Citation : Répétition erronée d'une déclaration d'autrui.

AMBROSE BIERCE

Le moyen infaillible de rajeunir une citation est de la faire exacte.

ÉMILE FAGUET

Ne fais donc jamais de citations classiques :
tu exhumes ta grand-mère en présence de ta maîtresse.

LÉON-PAUL FARGUE

Je me cite souvent, cela apporte du piment à ma conversation.

GEORGE BERNARD SHAW

Clarté

La clarté est la politesse de l'homme de lettres.

JULES RENARD

Classique

Un classique est un livre que tout le monde désire avoir lu
et que personne ne désire lire.

MARK TWAIN

Clé

Il n'y a rien de plus beau qu'une clé
tant qu'on ne sait pas ce qu'elle ouvre.

Maurice Maeterlinck

Clémence

La clémence des princes n'est souvent qu'une politesse
pour gagner l'affection des peuples.

François de La Rochefoucauld

Clown

Si le clown est triste, c'est tout simplement parce qu'il est mal payé.

W. C. Fields

Club

Je ne ferai jamais partie d'un club qui m'accepterait pour membre.

Woody Allen

Cocu

Il vaut mieux être cocu que veuf : il y a moins de formalités.

Alphonse Allais

Deux hommes trahis par la même femme sont un peu des parents.

Alfred Capus

Je connaissais une jeune femme très vertueuse. Elle a eu le malheur d'épouser un cocu : depuis, elle couche avec tout le monde.

Sacha Guitry

Cœur

Le cœur a des prisons que l'intelligence n'ouvre pas.

Marcel Jouhandeau

On ne voit bien qu'avec le cœur.

Antoine de Saint-Exupéry

Coïncidence

Je crois que les seules choses qui sont sûres en ce monde
ce sont les coïncidences.

LEONARDO SCIASCIA

Comble

Comble de la distraction : pisser contre un sergent de ville
et regarder s'il n'en vient pas un autre.

JULES JOUY

Le comble pour un journaliste ? Être à l'article de sa mort.

JULES RENARD

Comédien

On m'a demandé mon opinion sur le mariage entre comédiens. Je ne peux répondre : je n'ai jamais été marié à un comédien et aucun ne me l'a, d'ailleurs, proposé.

FRANCIS BLANCHE

Les spectateurs sont jaloux des comédiens parce qu'ils s'imaginent que les comédiens couchent avec les comédiennes, ce qui est rigoureusement exact.

SACHA GUITRY

Communisme

Savez-vous ce qui arriverait au Sahara si on y installait le communisme ? Pendant cinquante ans, rien. Au bout de cinquante ans, pénurie de sable.

GEORGES COURTELINE

Entre le communisme et le socialisme,
il y a la différence de l'assassinat à l'homicide par imprudence.

Wilhelm Roepke

Comprendre

Quand les gens intelligents se piquent de ne pas comprendre,
il est constant qu'ils y réussissent mieux que les sots.

André Gide

Ceux qui comprennent ne comprennent pas
qu'on ne comprenne pas.

Paul Valéry

Con

Les cons, ça ose tout. C'est même à ça qu'on les reconnaît.

Michel Audiard

Quand on mettra les cons sur orbite, t'as pas fini de tourner.

MICHEL AUDIARD

Traiter son prochain de con n'est pas un outrage,
mais un diagnostic.

SAN-ANTONIO

Conducteur

Le conducteur dangereux, c'est celui qui vous dépasse,
malgré tous vos efforts pour l'en empêcher.

WOODY ALLEN

Conférence

Certains hommes parlent pendant leur sommeil. Il n'y a guère que les conférenciers pour parler pendant le sommeil des autres.

ALFRED CAPUS

Confession

On oublie sa faute quand on l'a confessée à un autre ;
mais d'ordinaire, l'autre ne l'oublie pas.

FRIEDRICH NIETZSCHE

Confiance

Il faut faire confiance aux gens.
À qui d'autre pourrions-nous faire confiance ?

JACQUES A. BERTRAND

Connaître

Le sage ne s'afflige pas de ce que les hommes ne le connaissent pas ;
il s'afflige de ne pas connaître les hommes.

CONFUCIUS

« CONNAIS-TOI TOI-MÊME » ?
Si je me connaissais moi-même, je partirais en courant !

WOLFGANG VON GOETHE

Connerie

Je suis ancien combattant, militant socialiste et bistrot.
C'est dire si dans ma vie j'ai entendu des conneries.

MICHEL AUDIARD

Conscience

J'ai bonne conscience : je roule dans une voiture allemande,
mais mon tailleur est juif.

JEAN YANNE

Contemplatif

Si un contemplatif se jette à l'eau, il n'essaiera pas de nager,
il essaiera d'abord de comprendre l'eau… et il se noiera.

HENRI MICHAUX

Contestation

Tournant critique ! Les enfants contestent leurs parents,
la fin du monde est proche.

Papyrus égyptien du IIIe millénaire av. J.-C. cité par HERVÉ BAZIN

Contraception

En Belgique, la contraception fait des progrès. Maintenant, ils ont des pilules. Avant, ils avaient des fusils. Pour tirer sur les cigognes.

COLUCHE

Contre

De quoi qu'il s'agisse, je suis contre.

GROUCHO MARX

Contredire

Celui qui se contredit a plus de chances
qu'un autre d'exprimer quelquefois du vrai.

ANATOLE FRANCE

Contrepet

Ces fils d'Hippocrate sont des faces d'hypocrites.

Un avocat de la partie civile dans l'affaire du sang contaminé.

La paume de sa main colle un pain à sa môme.

ROBERT DESNOS

Quand Gainsbarre se bourre, Gainsbourg se barre.

SERGE GAINSBOURG

Ne pouvant fortifier la justice, on a justifié la force.

BLAISE PASCAL

Conviction

N'a de conviction que celui qui n'a rien approfondi.

EMIL MICHEL CIORAN

Courage

N'écoutant que mon courage qui ne me disait rien,
je me gardai d'intervenir.

JULES RENARD

Courage : l'art d'avoir peur sans que cela paraisse.

PIERRE VÉRON

Courtisan

Un courtisan répondit un jour à Louis XV qui lui demandait l'heure :
« Sire, l'heure qu'il plaîra à Votre Majesté. »

Antoine de Rivarol

Courtois

L'homme courtois évite de poser le pied sur l'ombre de son voisin.

Proverbe chinois dont Hergé avait fait la maxime de sa vie.

Création

Il me semble parfois qu'en créant l'homme
Dieu ait surestimé ses possibilités.

Oscar Wilde

Créature

Que l'homme soit la plus noble créature du monde, on peut le déduire de ce qu'aucune créature ne l'a jamais contredit sur ce point.

GEORG CHRISTOPH LICHTENBERG

Critique

Les critiques jugent les œuvres
et ne savent pas qu'ils sont jugés par elles.

JEAN COCTEAU

Les critiques littéraires sont de petites vieilles dames des deux sexes.

JOHN O'HARA

Quand les critiques ne sont pas d'accord entre eux,
l'artiste est en accord avec lui-même.

OSCAR WILDE

Crocodile

Les femmes sont comme le crocodile : pour attraper l'homme,
elles pleurent ; une fois qu'il est pris, elles le dévorent.

Proverbe italien

Croire

– Je ne crois pas en Dieu, confia un jour Baudelaire à Mgr Veuillot.
– Oh ! qu'il sera contrarié !

L'incrédule se trompe sur l'autre vie,
le croyant se trompe souvent sur celle-ci.

Antoine de Rivarol

Ce qui a été cru par tous, et toujours, et partout,
a toutes les chances d'être faux.

Paul Valéry

Cuba

Cuba est le plus grand pays du monde : sa capitale est à La Havane, son gouvernement est à Moscou, son armée est en Afrique… et sa population en Floride.

Attribué à Ronald Reagan !

Culture

La culture, c'est comme le parachute : quand tu n'en as pas, tu t'écrases.

Anonyme

Je suis un non-violent : quand *j'entends parler* de revolver, je sors ma culture.

Francis Blanche

La culture, c'est ce qui demeure dans un homme lorsqu'il a tout oublié.

Édouard Herriot

La culture (c'est) ce qui a fait de l'homme autre chose
qu'un accident de l'univers.

André Malraux

La culture ne s'hérite pas, elle se conquiert.

André Malraux

La culture, ce n'est pas ce qui reste quand on a tout oublié,
mais au contraire, ce qui reste à connaître
quand on ne vous a rien enseigné.

Jean Vilar

Cynique

Un cynique est un homme qui, lorsqu'il sent l'odeur des fleurs,
cherche où se trouve le cercueil.

Henry Louis Mencken

D

Dalí (Salvador)

Les deux plus grandes chances que peut avoir un peintre, c'est premièrement d'être espagnol, et deuxièmement de s'appeler Dalí. Moi, j'ai ces deux chances !

Salvador Dalí

Décadence

La décadence est la grande minute
où une civilisation devient exquise.

Jean Cocteau

Décision

Une fois que ma décision est prise, j'hésite longuement.

JULES RENARD

N'expliquez jamais les raisons pour lesquelles vous prenez
une décision : la décision peut être bonne et les raisons mauvaises.

TALLEYRAND

Défaut

Le sage a honte de ses défauts,
mais n'a pas honte de s'en corriger.

CONFUCIUS

Il en est des défauts comme des phares d'une automobile,
seuls ceux des autres nous aveuglent.

MAURICE DRUON

Nous n'avouons de petits défauts que pour persuader
que nous n'en avons pas de grands.

François de La Rochefoucauld

Démenti

Ne croyez jamais une chose en politique aussi longtemps
qu'elle n'a pas été démentie.

Otto von Bismarck

Démocratie

La démocratie, c'est quand on sonne chez vous
à six heures *du matin* et que c'est le laitier.

Henri Jeanson

En démocratie,
la politique est l'art de faire croire au peuple qu'il gouverne.

Louis Latzarus

Je respecte trop la démocratie
pour risquer de la dérégler en votant.

ROLAND TOPOR

La démocratie,
c'est l'oppression du peuple par le peuple.

OSCAR WILDE

Désespoir

L'homme ne désespérerait pas s'il n'espérait.

GIACOMO LEOPARDI

Ne désespérez jamais. Faites infuser davantage.

HENRI MICHAUX

Désir

Nos désirs sont les pressentiments des possibilités qui sont en nous.

WOLFGANG VON GOETHE

Un jour vient où vous manque une seule chose
et ce n'est pas l'objet de votre désir, c'est le désir.

Marcel Jouhandeau

Deux

Vous savez que le pape est le frère de la reine d'Angleterre ?
Jean-Paul et Élisabeth, ils ont tous les deux
le même nom de famille : II !

Coluche

Devinette

– Quelle différence y a-t-il
entre une paire de seins et un train électrique ?
– Aucune, les deux sont faits pour les enfants
et ce sont les papas qui s'en servent.

Anonyme

– Comment peut-on distinguer une concierge d'un oléoduc ?
– La pipelette s'appelle Pauline et le pipeline s'appelle Paulette.

PIERRE DESPROGES

Dévot

Un dévot est celui qui, sous un roi athée, serait athée.

JEAN DE LA BRUYÈRE

Diagnostic

Ou cet homme est mort, ou ma montre est arrêtée.

GROUCHO MARX

Dictature

Les dictatures sont comme le supplice du pal :
elles commencent bien et elles finissent fort mal.

GEORGES CLEMENCEAU

La dictature n'est rien d'autre qu'une machine
à fabriquer du passé avec de l'avenir.

Pierre Mertens

Un dictateur qui meurt, c'est une banque suisse qui ferme.

Cité par Gérard Miller

Dictionnaire

Dictionnaire : douteux dispositif académique destiné à entraver
l'évolution d'un langage et à en scléroser le fonctionnement.

Ambrose Bierce

Un chef-d'oeuvre de la littérature
n'est jamais qu'un dictionnaire en désordre.

Jean Cocteau

Dieu

Non seulement Dieu n'existe pas, mais essayez donc de trouver un plombier pendant le week-end.

WOODY ALLEN

Dieu est vivant et en bonne santé. Il est actuellement au travail sur un projet moins ambitieux.

ROGER MINNE

Si Dieu existait, j'en serais la première avertie.

ANNA DE NOAILLES

On ne peut rien dire de Dieu, même qu'Il n'existe pas.

RAYMOND QUENEAU

Dieu est modeste. Il n'ose pas se vanter d'avoir créé le monde.

JULES RENARD

Ce qui excuse Dieu, c'est qu'il n'existe pas.

STENDHAL

À la façon dont Il nous a traitées,
on voit bien que Dieu est un homme.

MME DE TENCIN

Si Dieu n'avait pas existé,
il n'aurait pas été nécessaire de l'inventer.

VOLTAIRE

Dimanche

Ce qu'il y a de meilleur dans le dimanche,
c'est encore le samedi soir.

GILBERT CESBRON

J'ai passé un an dans cette ville [anglaise] – un dimanche.

WARWICK DEEPING

Dîner

Cela crée une obligation de dîner chez quelqu'un :
on est obligé d'en dire du mal en sortant.

EDMOND et JULES DE GONCOURT

Diplomate

Il y a deux sortes de diplomates : ceux qui lisent les journaux et qui en savent autant que nous, et ceux qui ne lisent pas les journaux et qui ne savent rien.

ÉDOUARD HERRIOT

Un diplomate qui s'amuse est moins dangereux
qu'un diplomate qui travaille.

GEORGES DE PORTO-RICHE

Divorce

Vous ne connaissez rien d'une femme
avant de l'avoir rencontrée devant un tribunal.

Norman Mailer

Donner

Donner avec ostentation, ce n'est pas très joli,
mais ne rien donner avec discrétion, ça ne vaut guère mieux.

Pierre Dac

Dormir

Il ne faut jamais regarder quelqu'un qui dort.
C'est comme si on ouvrait une lettre qui ne vous est pas adressée.

Sacha Guitry

Douter

Quand on est aimé, on ne doute de rien.
Quand on aime, on doute de tout.

Colette

Ce n'est pas le doute qui rend fou, c'est la certitude.

Friedrich Nietzsche

On connaît maints exemples de croyants fervents qui se sont mis à douter de Dieu, parce qu'un grand malheur les a frappés – même si c'était de leur faute ; mais on n'a encore vu personne perdre la foi, pour un bonheur qu'ils ne méritaient pas.

Arthur Schnitzler

Droite-gauche

Qu'on soit de droite ou qu'on soit de gauche,
on est toujours hémiplégique.

Raymond Aron

Mireille Mathieu, elle n'est ni à droite ni à gauche ;
mais là où on la pose.

GUY BEDOS

Dynastie

Une dynastie est une collection de cadavres numérotés.

ACHILLE CHAVÉE

E

Eau

L'eau conduit l'électricité, mais si tu mets du vin dedans,
elle a plus le droit de conduire.

Jean-Marie Gourio

Liquide si impur qu'une seule goutte suffit
à troubler un verre d'absinthe.

Alfred Jarry

Échange

Auteur dramatique échangerait pièce en quatre actes
contre trois pièces et une cuisine.

Pierre Dac

Écureuil édenté échangerait
panache contre casse-noisettes.

PIERRE DAC

Échecs

Le joueur d'échecs, comme le peintre ou le photographe,
est brillant… ou mat.

VLADIMIR NABOKOV

Écho

Quand certains entendent un écho,
ils s'imaginent avoir produit le son.

ERNEST HEMINGWAY

École

Mon père voulait que j'aille à l'école.
Bon, j'y vais. Je vois un panneau : RALENTIR, ÉCOLE.

Ils ne croyaient tout de même pas qu'on allait y aller en courant.

COLUCHE

Écoles : établissements où l'on apprend à des enfants
ce qu'il leur est indispensable de savoir pour devenir professeurs.

SACHA GUITRY

Écologiste

Pour qu'un écologiste soit élu président de la République,
il faudrait que les arbres votent.

COLUCHE

Économiste

Quand un économiste vous répond,
on ne comprend plus ce qu'on lui avait demandé.

CHARLES GIDE (économiste, 1847-1932) Voir aussi TECHNOCRATE.

Écrire

Écrire est un acte d’amour. S’il ne l’est pas, il n’est qu’écriture.

Jean Cocteau

Pour savoir écrire, il faut avoir lu,
et pour savoir lire, il faut savoir vivre.

Guy Debord

Écrire, c’est savoir dérober des secrets
qu’il faut encore savoir transformer en diamants.

Léon-Paul Fargue

Ce qu’un auteur préfère écrire *par*-dessus tout,
c’est sa signature au dos d’un chèque.

Brendan Francis

Mes livres sont écrits par quelqu'un d'autre
que je ne connais pas et que je voudrais bien connaître.

JULIEN GREEN

La gloire ou le mérite de certains hommes est de bien écrire ;
et de quelques autres, c'est de n'écrire point.

JEAN DE LA BRUYÈRE

L'écriture ressemble à la prostitution. D'abord on écrit pour l'amour
de la chose, puis pour quelques amis et, à la fin, pour de l'argent.

Attribué à MOLIÈRE.

Le petit frisson avant-coureur d'une belle phrase qui vient.

JULES RENARD

Écrire, c'est une façon de parler sans être interrompu.

JULES RENARD

Écrivain

Il m'a fallu quinze ans pour découvrir
que je n'avais pas de talent pour écrire.
Hélas ! je n'ai pas pu m'arrêter, j'étais devenu trop célèbre !

Robert Benchley

Il y a deux époques dans la vie d'un écrivain :
la première où l'on parle de lui, la seconde où il parle de lui-même.

Alfred Capus

L'écrivain original n'est pas celui qui n'imite personne,
mais celui que personne ne peut imiter.

François René de Chateaubriand

On doit lire tous les écrivains deux fois, les bons et les mauvais.
Les uns, on les reconnaîtra ; les autres, on les démasquera.

Karl Kraus

Le grand écrivain, c'est celui qui cherche à paraître banal
et qui n'y parvient pas.

Raymond Radiguet

Égalité

La France a toujours cru
que l'égalité consistait à trancher ce qui dépasse.

Jean Cocteau

Tous les animaux sont égaux,
mais certains sont plus égaux que d'autres.

George Orwell

Les hommes naissent égaux. Dès le lendemain ils ne le sont plus.

Jules Renard

Le malheur est la véritable égalité.

Aurélien Scholl

Égocentrisme

« Bon ! assez parlé de moi. Parlons un peu de vous maintenant.
Que pensez-vous de moi ? »

Ed Koch

Einstein

La femme d'Einstein n'était pas la moitié d'un imbécile.

Yvan Audouard

Enfant

Il y a des moments où l'absence d'ogres se fait cruellement sentir.

Alphonse Allais

Des enfants ? Je préfère en commencer cent
que d'en terminer un seul.

Pauline Bonaparte

Les enfants n'ont ni passé ni avenir et, ce qui ne nous arrive guère,
ils jouissent du présent.

JEAN DE LA BRUYÈRE

Ma mère aimait les enfants.
Elle m'aurait tout donné si j'en avais été un.

GROUCHO MARX

Ne donnez jamais rien à vos enfants
si vous voulez être sûr qu'ils vous le rendent un jour.

NESTOR ROQUEPLAN

Enfer

L'enfer est un endroit où le cuisinier est anglais, le policier allemand, le garagiste arabe et l'amant américain.

Time Magazine

Comment savez-vous que la Terre n'est pas l'enfer d'une autre planète ?

ALDOUS HUXLEY

Ennemi

Les ennemis, ça n'existe pas. Ce sont des gens avec qui l'on n'a pas encore déjeuné.

JEAN NOHAIN

Ayez des ennemis ! Vos amis se lasseront de parler de vous ; vos ennemis, jamais !

PIERRE VEBER

Ennui

Les ennuis, c'est comme le papier hygiénique : on en tire un, il en vient dix.

WOODY ALLEN

Ma foi, si je n'avais pas été là,
je me serais bien ennuyé.

ALEXANDRE DUMAS PÈRE

Enseigner

– Alors ? pourquoi tu veux l'être, institutrice ?
– Pour faire chier les mômes, répondit Zazie.

RAYMOND QUENEAU

Enterrement

C'est commode, un enterrement. On peut avoir l'air maussade avec les gens : ils prennent cela pour de la tristesse.

JULES RENARD

Épargne

L'épargne est une magnifique réalité, spécialement quand nos parents l'ont pratiquée.

Mark Twain

Épinard

Je n'aime en réalité manger que ce qui a une forme claire et compréhensible pour l'intelligence. Si je déteste les épinards, c'est qu'ils sont informes comme la liberté. Le contraire de l'épinard est l'armure.

Salvador Dalí

Épitaphe

« Bon père, bon époux », disent les épitaphes. C'est dans les cimetières qu'on voit les meilleurs ménages.

Anonyme

Ci-gît ma femme. Ah ! qu'elle est bien
Pour son repos et pour le mien.

Attribué à Jean Marot, père de Clément.

Érection

Érection : Ne se dit qu'en parlant des monuments.

Gustave Flaubert

Il n'existe pratiquement aucune différence entre un Anglais en état d'érection et un Italien impuissant.

San-Antonio

Erreur

Si je pouvais recommencer ma vie, je ferais les mêmes erreurs, mais je les ferais plus tôt.

Groucho Marx

Escalier

Le meilleur moment de l'amour, c'est quand on monte l'escalier.

GEORGES CLEMENCEAU

Esclavage

Un passage du *Journal* des Goncourt me rappelle
que la Société protectrice des animaux a été créée en 1845.
Trois ans avant l'abolition de l'esclavage.

FRANÇOIS MITTERRAND

Esclave

Avoir des esclaves n'est rien ; ce qui est intolérable,
c'est d'avoir des esclaves en les appelant citoyens.

DENIS DIDEROT

Espagnol

Les Espagnols sont un peuple fier et ombrageux
avec un tout petit cul pour éviter les coups de corne.

PIERRE DESPROGES

Espérance

Tout le malheur des hommes vient de l'espérance.

ALBERT CAMUS

Dieu a donné une sœur au souvenir
et il l'a appelée espérance.

MICHEL-ANGE, cité par JEAN D'ORMESSON

État

Si les locomotives étaient conduites comme l'État,
le machiniste aurait une femme sur les genoux.

ALAIN

Été

Voici l'été, épousez une femme ombrageuse.

JULES JOUY

Éternité

L'éternité, c'est long… surtout vers la fin.

FRANZ KAFKA

Étranger

« Qu'est-ce qu'un étranger ?
– C'est quelqu'un qui est très content de sa Peugeot. »

LAURENT RUQUIER

Européen(ne)

Qui est lent comme le Suisse, borné comme le Belge,
sournois comme le Hollandais, lourd comme l'Allemand,
insignifiant comme le Luxembourgeois, dédaigneux comme l'Anglais,
bidon comme l'Italien et exaspérant comme le Français ?
L'Européen, l'homme de demain.

Georges Wolinski

Événement

Auparavant, lorsque se produisait un événement, les gens sortaient dans la rue pour acheter le journal, aujourd'hui, ils rentrent pour regarder la télévision.

Pierre Lazareff

Expérience

L'expérience est un peigne pour les chauves.

Anonyme

L'expérience est une lanterne que l'on porte sur le dos
et qui n'éclaire jamais que le chemin parcouru.

CONFUCIUS

L'expérience ressemble aux cure-dents :
personne ne veut s'en servir après vous.

ROLAND DORGELÈS

L'expérience est le nom que l'on donne à ses erreurs.

OSCAR WILDE

Expert

Un expert, *c'est une opinion*. Deux experts, c'est la contradiction.
Trois experts, c'est la confusion.

Vieil adage judiciaire.

Si le monde explose, la dernière voix audible sera celle
d'un expert disant que la chose est impossible.

PETER USTINOV

Exploit

J’ai réalisé un exploit : parti de rien, j’ai atteint la misère.

S.J. Perelman

F

Faim

Quand on meurt de faim,
il se trouve toujours un ami pour vous offrir à boire.

ANTOINE BLONDIN

Fanatique

Un fanatique est quelqu'un qui ne veut pas changer d'avis
et qui ne veut pas non plus changer de sujet.

WINSTON CHURCHILL

Fascisme

Le fascisme, ce n'est pas d'empêcher de dire, c'est d'obliger à dire.

ROLAND BARTHES

Fausse Monnaie

Un homme avait tant de dettes, tant de dettes que,
pour essayer de s'en acquitter, il se mit
à fabriquer de la fausse monnaie. La police le surprit.
– Que faites-vous là, malheureux ?
– Je fais ce que je dois !

ALPHONSE KARR

Fausse Noblesse

L'almanach nobiliaire est le seul livre qu'un jeune Londonien devrait connaître d'un bout à l'autre, car c'est la meilleure œuvre de fiction que les Anglais aient jamais écrite.

OSCAR WILDE

Fauve

Je n'ai jamais admiré le courage des dompteurs.
Dans une cage, ils sont à l'abri des hommes.

George Bernard Shaw

Fêlé

Heureux soient les fêlés, car ils laisseront passer la lumière.

Michel Audiard

Féminisme

Tout ce *qu'elles ont gagné avec leur* campagne du MLF,
c'est qu'on ne nous tient plus la porte.

Claire Bretécher

Le féminisme ne peut être une question de sexe
puisque le Français est plus femme que l'Anglaise.

Natalie Clifford Barney

Femme

Une femme sans homme, c'est comme un poisson sans bicyclette.

Les féministes

Plus je connais les hommes, plus j'aime les femmes.

Francis Blanche

Qu'y a-t-il de pire qu'une femme ? Deux femmes.

Jean Cocteau

Être une femme est, en réalité, terriblement difficile :
en effet cela consiste essentiellement à avoir affaire à des hommes.

Joseph Conrad

La femme ne voit jamais ce que l'on fait pour elle ;
elle ne voit que ce que l'on ne fait pas.

Georges Courteline

Être une femme dispense au moins d'en avoir une.

ROLAND DUBILLARD

Les femmes ne sont jamais plus fortes
que lorsqu'elles s'arment de faiblesse.

MME DU DEFFAND

Si la femme était bonne,
Dieu en aurait une.

LUCIEN GUITRY

Ne riez pas de la femme d'un autre car qui sait si demain
elle ne sera pas la vôtre.

SACHA GUITRY

Fétichiste

Il n'y a pas sous le soleil d'être plus malheureux que le fétichiste qui languit après une bottine et qui doit se contenter d'une femme entière.

Karl Kraus

Feu

Si l'on met le feu à ta maison, approche-toi pour t'y chauffer.

Vieille expression française

Fidèle

C'est la plus fidèle des femmes :
elle n'a jamais trompé aucun de ses amants.

Jules Renard

En amour, les jeunes veulent être fidèles et ne le peuvent pas.
Les vieillards veulent être infidèles et ne le peuvent pas davantage.

OSCAR WILDE

Fidélité

Ce que demandent les femmes, ce n'est pas qu'on les aime ;
c'est de ne pas en aimer d'autres.

ÉDOUARD BOURDET

Fille

Coupable de n'être pas née garçon, toute ma vie je n'aurai de cesse *de vouloir* prouver que, naître fille, c'est aussi bien.

FRANÇOISE GIROUD

Dieu fit la fille
et l'homme l'a faite femme.

BÉROALDE DE VERVILLE

Film

Tu sais pourquoi les producteurs de films ont tous des Rolls-Royce ?
C'est parce que dans le métro, il faut payer comptant.

MICHEL AUDIARD

Fils

Rappelle-toi que ton fils n'est pas ton fils, mais le fils de son temps.

CONFUCIUS

Les fils croient à la vertu de leur mère – les filles aussi, mais moins.

ANATOLE FRANCE

Fin

La fin justifie les moyens. Mais qu'est-ce qui justifiera la fin ?

ALBERT CAMUS

Fiscalité

Il faut demander plus à l'impôt et moins au contribuable.

Alphonse Allais

Fleuve

La source désapprouve presque toujours l'itinéraire du fleuve.

Jean Cocteau

C'est en allant vers la mer que le fleuve reste fidèle à sa source.

Jean Jaurès

Foi

Foi : vingt-quatre heures de doute… mais une minute d'espérance.

Georges Bernanos

Quand on a la foi,
on peut se passer de la vérité.

Friedrich Nietzsche

Folie

On exagère beaucoup sur la recrudescence de la folie : dans une salle où il n'y a que deux personnes, il n'y a jamais plus de deux fous.

MACEDONIO FERNANDEZ

Les folies sont les seules choses qu'on ne regrette jamais.

OSCAR WILDE

Fonctionnaire

Les fonctionnaires sont comme les livres d'une bibliothèque : les moins utiles sont les plus haut placés.

PAUL MASSON

Fortune

La fortune ne vient pas en dormant… seule.

LA BELLE OTERO

Fou

Nous naissons tous fous, quelques-uns le demeurent.

Samuel Beckett

Quelle pitié que les fous ne puissent parler
avec sagesse des folies que font les sages !

William Shakespeare

Français

Les Français peuvent être considérés comme les gens les plus hospitaliers du monde, pourvu que l'on ne veuille pas entrer chez eux.

Pierre Daninos

Les Français ne parlent presque jamais de leurs femmes ; c'est qu'ils ont peur d'en parler devant des gens qui les connaissent mieux qu'eux.

Charles de Montesquieu

Sans doute que les Français, extrêmement décriés chez leurs voisins, enferment quelques fous dans une maison pour persuader que ceux qui sont dehors ne le sont pas.

Charles de Montesquieu

En amour, être français, c'est la moitié du chemin.

Paul Morand

Quand j'aurai appris qu'une nation peut vivre sans pain, alors je croirai que les Français peuvent vivre sans gloire.

Napoléon Ier

Française (langue)

Les Français croient qu'ils parlent le français parce qu'ils ne parlent aucune langue étrangère.

Tristan Bernard

« Ha ha », disait-il en français ; et il n'ajoutait rien davantage.

Alfred Jarry

France

La France est un pays qui adore changer de gouvernement
à condition que ce soit toujours le même.

Honoré de Balzac

J'aime la France comme ma mère, mais ma mère ne voudrait pas
que je meure, fût-ce pour elle.

Henri Jeanson

La France : Laissez-lui faire des choses frivoles sérieusement
et gaiement les choses sérieuses.

Charles de Montesquieu

La France est un pays où il est plus important
d'avoir une opinion sur Homère que d'avoir lu Homère.

Stendhal

Franchise

La franchise est le moyen le plus déguisé
d'être malveillant à coup sûr.

HENRY BATAILLE

Fréquentation

Il ne faut jamais juger les gens sur leurs fréquentations.
Tenez, Judas, par exemple, il avait des amis irréprochables.

PAUL VERLAINE

Frère

– Comment ça va avec votre frère ?
– Caïn-caha !

HERVÉ BAZIN

Je veux bien être le frère de l'homme blanc, pas son beau-frère.

MARTIN LUTHER KING

Froid

En hiver, on dit souvent : « Fermez la porte, il fait froid dehors ! ». Mais, quand la porte est fermée, il fait toujours aussi froid dehors.

PIERRE DAC

Fumer

J'ai comme principe de ne jamais fumer pendant que je dors.

MARK TWAIN

Fusiller

Je devais être fusillé à six heures du matin. Mais comme j'avais un bon avocat, le peloton n'arrivera qu'à six heures trente.

WOODY ALLEN

G

Gastronomie

À table, il existe un plat que je déteste :
ne me servez surtout jamais du ragoût de la méduse !

Francis Blanche

Gauche

Lorsqu'on me demande si la coupure entre partis de droite et partis de gauche, hommes de droite et hommes de gauche a encore un sens, la première idée qui me vient est que l'homme qui pose cette question n'est certainement pas un homme de gauche.

Alain

Génie

Le génie envoie sa flèche vers une cible invisible et ne la rate pas.

Dicton cité par ANTHONY QUINN.

Si une femme a du génie, on dit qu'elle est folle. Si un homme est fou, on dit qu'il a du génie.

LOUKY BERSIANIN

Tout enfant est en quelque façon un génie, et tout génie un enfant.

ARTHUR SCHOPENHAUER

Gentleman

Un gentleman est quelqu'un qui sait jouer de la cornemuse mais qui s'abstient de le faire.

Proverbe anglais

Un gentleman est un monsieur qui se sert d'une pince à sucre, même quand il est seul.

Alphonse Allais

Un gentleman est quelqu'un qui est capable de décrire Sophia Loren sans faire de gestes.

Michel Audiard

Un gentleman est quelqu'un qui ne blesse jamais les sentiments d'autrui sans le faire exprès.

Oscar Wilde

Géométrie

Le chemin le plus court d'un point à un autre est la ligne droite, à condition que les deux points soient bien en face l'un de l'autre.

Pierre Dac

Étant donné deux points A et B situés à égale distance l'un de l'autre, comment faire pour déplacer B sans que A s'en aperçoive ?

Jean Tardieu

Gifle

Lorsqu'on me donne une gifle sur la joue droite,
je tends le poing gauche.

Thomas Turnedfish

Gitan

Ce peuple mystérieux qui semble cracher des fleurs de feu
et trépigner pour les éteindre.

Jean Cocteau

Gloire

La gloire ressemble au marché : parfois, quand vous y restez quelque temps, les prix baissent.

Francis Bacon

La gloire, c'est comme un cigare qu'on mettrait dans la bouche
par le bout allumé. D'abord, ça brûle, et puis,
on ne sent plus que la cendre.

ALPHONSE DAUDET

Golf

Ce jeu consiste à mettre une balle de quatre centimètres de diamètre sur une boule de quarante mille kilomètres de tour. Il s'agit de frapper la petite balle sans toucher la grande.

WINSTON CHURCHILL

Gosier

Le gosier est la réunion de deux conduits
par lesquels les bons mots sortent et par où les bons morceaux entrent.

FRANÇOIS RABELAIS

Goût (mauvais)

Ce qu'il y a d'enivrant dans le mauvais goût,
c'est le plaisir aristocratique de déplaire.

Charles Baudelaire

Qu'est-ce donc que le mauvais goût ? C'est invariablement le goût de l'époque qui nous a précédés. Tous les enfants ne trouvent-ils pas leur père ridicule ?

Gustave Flaubert

Gouvernement

Sans le gouvernement, on ne rirait plus en France.

Nicolas de Chamfort

Le gouvernement va droit dans le mur et, en plus, il klaxonne.

André Santini
(à propos du gouvernement d'Alain Juppé en 1997)

Grandeur

La grandeur est un chemin vers quelque chose
qu'on ne connaît pas.

Charles de Gaulle
(d'après André Malraux)

Grèce

En Grèce, on a envie de se baigner dans le ciel.

Henry Miller

Beauté grecque : femme laide portant *une amphore.*

Raymond Radiguet

Grippe

L'amour, c'est comme la grippe,
ça s'attrape dans la rue et ça se termine au lit.

Anonyme

Guépard

[La] course [du guépard] est superbe ; c'est un spectacle inoubliable mais fort rare car, généralement, on court devant.

Jean L'Anselme

Guerre

La guerre ! C'est une chose trop grave pour la confier à des militaires.

Georges Clemenceau

La guerre de 14-18 avait fait un civil tué pour dix militaires. La guerre de 39-40, un civil pour un militaire. Le Viêt Nam, cent civils pour un *militaire. Pour la prochaine*, les militaires seront les seuls survivants. Engagez-vous !

Coluche

La guerre est l'art de tuer en grand et de faire avec gloire ce qui, fait en petit, conduit à la potence.

Jean Henri Fabre

La première victime d'une guerre, c'est la vérité.

RUDYARD KIPLING

La façon la plus rapide de mettre fin à une guerre est de la perdre.

GEORGE ORWELL

Guerre (civile)

Ce qui est bien avec les guerres civiles,
c'est qu'on peut rentrer manger à la maison.

JEAN GALTIER-BOISSIÈRE

Guillotine

La guillotine, ce « prix Goncourt » des assassins…

LOUIS-FERDINAND CÉLINE

La guillotine a rendu service à Louis XVI, ce bon gros roi bête…
Sans le 21 janvier, l'Histoire n'aurait vu que son ventre,
et elle ne vit que sa tête.

VICTOR HUGO

H

Habileté

C'est une grande habileté que de savoir cacher son habileté.

François de La Rochefoucauld

Habitude

Ce n'est pas la raison qui mène la vie, mais l'habitude.

David Hume

On ne se débarrasse pas d'une habitude en la flanquant par la fenêtre, mais il faut lui faire descendre l'escalier marche par marche.

Mark Twain

Hérétique

L'hérétique n'est pas celui que le bûcher brûle,
mais celui qui l'allume.

Francis Bacon

Hérisson

« Tout le monde peut se tromper »,
disait le hérisson en descendant d'une brosse à habits.

Anonyme

Héroïsme

L'héroïsme, c'est encore la meilleure façon de devenir célèbre
quand on n'a pas de talent.

Pierre Desproges

Héros

L'homme, en temps de guerre, s'appelle le héros.
Il peut ne pas en être plus brave et fuir à toutes jambes.
Mais, c'est du moins un héros qui détale.

JEAN GIRAUDOUX

Heureux

On n'est jamais plus heureux que quand on croit l'être.

PIERRE LEGRAND

Si on ne voulait être qu'heureux, cela serait bientôt fait. Mais on veut *être plus* heureux que les autres, et cela est presque toujours difficile, parce que nous croyons les autres plus heureux qu'ils ne sont.

CHARLES DE MONTESQUIEU

Ça n'est pas tout d'être heureux…
encore faut-il que les autres soient malheureux.

JULES RENARD

J'ai décidé d'être heureux parce que c'est bon pour la santé.

VOLTAIRE

Hiérarchie

Moins le poste que vous occupez sera élevé,
plus votre absence sera remarquée.

GEORGES COURTELINE

On a souvent plus de peine à persuader ses inférieurs qu'à convaincre ses supérieurs. Il est vrai qu'on s'y donne moins de mal.

AUGUSTE DETŒUF

Histoire

L'Histoire me sera indulgente car j'ai l'intention de l'écrire.

WINSTON CHURCHILL

Qu'est-ce que l'Histoire ? Un clou auquel j'accroche mes romans.

ALEXANDRE DUMAS PÈRE

L'Histoire est une suite de mensonges
sur lesquels les hommes se sont mis d'accord.

NAPOLÉON Ier

L'histoire est la science du malheur des hommes.

RAYMOND QUENEAU

Historien

Je rêve parfois à ce que diront de nous les historiens futurs.
Une phrase leur suffira pour l'homme moderne :
il forniquait et il lisait des journaux.

ALBERT CAMUS

Très peu de choses se produisent au moment opportun et le reste ne se produit pas du tout. L'historien consciencieux corrigera ces défauts.

HÉRODOTE

Hollandais

En Hollande, les gens sont tellement propres que, lorsqu'ils ont envie de cracher, ils prennent le train pour la campagne.

GEORGES COURTELINE

Homme

L'homme est comme Dieu l'a fait, en un peu pire.

Proverbe espagnol

L'homme est plein d'imperfections.
Ce n'est pas étonnant si l'on pense à l'époque où il a été fait.

ALPHONSE ALLAIS

L'homme est le seul animal qui soit l'ami des victimes qu'il se propose de manger.

SAMUEL BUTLER

L'homme est la seule créature qui refuse d'être ce qu'elle est.

Albert Camus

Qu'est-ce que l'homme ?
Il est cette force qui finit toujours par balancer les tyrans et les dieux.

Albert Camus

L'homme ne naît pas homme il le devient.

Érasme

L'homme est sage, intelligent et raisonnable en tout ce qui concerne les autres, mais pas en ce qui le touche lui-même.

Nicolas Gogol

Il n'y a pour l'homme que trois événements : naître, vivre et mourir.
Il ne se sent pas naître, il souffre à mourir et il oublie de vivre.

Jean de La Bruyère

Dès qu'on oublie ce que sont les hommes,

on se laisse aller à leur vouloir du bien.

HENRI MICHAUX

Les hommes sont des femmes comme les autres.

GROUCHO MARX

Qu'est-ce que l'homme dans la nature ? Un néant à l'égard de l'infini, un tout à l'égard du néant, un milieu entre rien et tout.

BLAISE PASCAL

L'homme n'est qu'un roseau, le plus faible de la nature, mais c'est un roseau pensant.

BLAISE PASCAL

L'homme naît bon. Ça commence à se dégrader entre six et sept mois.

GEORGES PERROS

Je me déguise en homme pour n'être rien.

FRANCIS PICABIA

L'homme est un mammifère chevaleresque et hippophage.

Jacques Prévert

On peut plus largement se passer des hommes [que des femmes].
C'est pourquoi c'est eux que l'on sacrifie dans les guerres.

George Bernard Shaw

L'homme est un animal enfermé – à l'extérieur de sa cage.

Paul Valéry

L'homme est un animal à chapeau mou
qui attend l'autobus 27, rue de la Glacière.

Alexandre Vialatte

Homme de couleur

Je suis de la couleur de ceux qu'on persécute.

Alphonse de Lamartine

Homme politique

Les hommes politiques, il y en a certains,
pour briller en public, ils mangeraient du cirage.

Coluche

Les deux choses que je reproche à Édouard Balladur,
c'est son menton.

Plantu

L'ennui avec les hommes politiques, c'est qu'on croit faire leur caricature, alors qu'on fait leur portrait.

Sennep

Honneurs

À force d'accepter les honneurs,
on finit par croire qu'on les mérite.

Gilbert Cesbron

Huître

Si toutes les huîtres gueulaient, ou simplement miaulaient, on ne les avalerait pas vivantes. Cette simple constatation justifie que certaines se révoltent et que celui qui ne dit rien a tort.

Acajou (André Jouette)

On dirait que la douleur donne aux âmes une espèce de conscience. C'est comme aux huîtres le citron.

Paul-Jean Toulet

Humanité

Plus j'aime l'humanité en général,
moins j'aime les gens en particulier.

Fedor Dostoïevski

Il n'y a que deux grands courants dans l'histoire de l'humanité : la bassesse qui fait les conservateurs et l'envie qui fait les révolutionnaires.

Edmond et Jules de Goncourt

Humble

Dieu n'ayant pu faire de nous des humbles
fait de nous des humiliés.

JULIEN GREEN

Humoriste

L'humoriste, c'est un homme de bonne mauvaise humeur.

JULES RENARD

Il n'est pas difficile d'être un humoriste
quand toute *la classe politique* travaille pour vous.

ROBERT ROCCA

Les humoristes sont plus utiles que les philosophes.
À moins que ce ne soient eux les vrais philosophes.

JEAN YANNE

Humour

L’humour juif, c’est comme l’humour allemand
avec l’humour en plus.

Slogan du film *Train de vie*.

L’humour vient tout seul à l’homme comme les poils au pubis.

Pierre Desproges

L’humour est une façon de se tirer d’embarras
sans se tirer d’affaire.

Louis Scutenaire

L’humour est le plus court chemin d’un homme à un autre.

Georges Wolinski

Hypocrite

Qui ne sait être hypocrite ne sait régner.

Nicolas Machiavel

Idée

Une idée est fausse dès l'instant où l'on s'en contente.

Alain

Rien n'est plus dangereux qu'une idée quand on n'en a qu'une.

Paul Claudel

Si vous voulez avoir des idées propres,
changez-en comme de chemises.

Francis Picabia

Idiot

Idiot cherche village.

Pierre Dac

Seuls les idiots sont brillants au petit déjeuner.

Oscar Wilde

Ignorance

Le peu que je sais, c'est à mon ignorance que je le dois.

Sacha Guitry

Ignorant

Être conscient que l'on est ignorant est un grand pas vers le savoir.

Benjamin Disraeli

Illusion

Lorsqu'on a perdu toutes ses illusions, il reste encore à perdre l'illusion suprême qui est de se croire sans illusions.

CLAUDE ROY

Imaginer

Imaginer, c'est hausser le réel d'un ton.

GASTON BACHELARD

Imbécile

J'ai remarqué que les imbéciles, supportables à la campagne, sont insupportables à Paris. Ils ne sont plus en situation.

EDMOND et JULES DE GONCOURT

Immigré

Nous sommes tous des immigrés.
Il n'y a que le lieu de naissance qui change.

Graffiti

Immobile

Même une pendule arrêtée a raison deux fois par jour.

Anonyme

Immortalité

Je ne veux pas accéder à l'immortalité par mon œuvre,
je veux y accéder en ne mourant pas.

Woody Allen

Dans les dîners d'hommes,
il y a une tendance à parler de l'immortalité de l'âme au dessert.

Edmond et Jules de Goncourt

Immortel

Si un homme était immortel,
réalisez-vous ce que serait sa note de boucher ?

Woody Allen

Chaque homme est immortel : il peut savoir qu'il va mourir,
mais il ne saura jamais qu'il est mort.

SAMUEL BUTLER

Si je suis élu[1], je deviendrai « immortel ».
Si je ne suis pas élu… je n'en mourrai pas.

ANDRÉ ROUSSIN

Impossible

Soyez réalistes : demandez l'impossible.

Slogan de mai 1968

Impôt

Il faut demander plus à l'impôt et moins au contribuable.

ALPHONSE ALLAIS

1. À l'Académie française.

Le ministre des Finances : le bourreau de mes thunes.

Jean Rigaux

C'est au moment de payer ses impôts qu'on s'aperçoit qu'on n'a pas les moyens de s'offrir l'argent que l'on gagne.

San-Antonio

Imprésario

Je veux être incinéré et je veux que 10 % de mes cendres soient versées à mon imprésario.

Groucho Marx

Incognito

L'intérêt essentiel pour un homme politique de voyager incognito, c'est de le faire savoir.

Jacques Mailhot

Indécis

Autrefois, j'étais indécis, mais, à présent, je n'en suis plus très sûr.

Boscoe Pertwee, cité par Umberto Eco

Indulgence

L'indulgence, c'est la forme aristocratique du dédain.

Remy de Gourmont

Inégal

La Nature n'a pas lu la déclaration des Droits de l'homme.
Elle continue à nous faire naître inégaux.

Will Durant

Infidélité

Il y a des femmes dont l'infidélité est le seul lien
qui les attache encore à leur mari.

Sacha Guitry

Infirmité

J'entends bien que je pourrais devenir sourd,
je sens que je pourrais perdre l'odorat, mais je ne me vois pas aveugle.

GABRIEL DE LAUTREC

Ingénieur

Il faut se méfier des ingénieurs, ça commence par la machine
à coudre, ça finit par la bombe atomique.

MARCEL PAGNOL

Ingrat

Quand je donne une place,
je fais un ingrat et cent mécontents.

LOUIS XIV

Injustice

Dans la vie, il faut savoir supporter les injustices jusqu'au moment où on peut en commettre soi-même.

ALFRED CAPUS

Insomnie

Pour lutter contre l'insomnie, faites un quart d'heure de yoga, mangez une pomme crue, avalez une infusion de passiflore (*Passiflora incarnata*), prenez un bain chaud à l'essence de serpolet (*Thymus serpyllum*), frictionnez-vous à l'huile essentielle de jasmin (*Jasminys officinale*) et orientez votre lit au nord. Quand vous aurez fini tout ça, il ne sera pas loin de huit heures du matin.

PIERRE DESPROGES

Tout le monde sait qu'en cas d'insomnie il suffit d'additionner mouton après mouton pour s'endormir. Mais combien de personnes savent que, pour rester éveillé, il suffit de soustraire les moutons ?

LES MARX BROTHERS

Intellectuel

Un intellectuel assis va moins loin qu'un con qui marche.

Michel Audiard

Un intellectuel, c'est quelqu'un qui entre dans une bibliothèque même quand il ne pleut pas.

André Roussin

L'intellectuel est quelqu'un qui se mêle de ce qui ne le regarde pas.

Jean-Paul Sartre

Intelligence

Je plains ceux qui ont l'air intelligent ;
c'est une promesse qu'on ne peut tenir.

Alain

L'intelligence a été créée il y a très longtemps par un type vachement intelligent. La connerie, c'est autre chose, c'est une création collective.

Philippe Geluck

Intelligent

Nous ne demandons pas aux jolies femmes d'être intelligentes, mais nous ne pardonnons guère aux femmes intelligentes d'être laides.

JEAN MISTLER

Intuition

Cette fameuse intuition des femmes qui, neuf fois sur dix, leur fait commettre des erreurs irréparables.

JEAN-MARIE ROUART

Inventer

Gutenberg inventa la machine à écrire, Christophe Colomb inventa l'Amérique, François Ier inventa la syphilis et Mayonnaise inventa la sauce. Hélas, tout cela en pure perte car Lépine n'inventa le concours que quatre siècles plus tard.

FRANÇOIS CAVANNA

Invention

Ma femme ? Je ne saurais mieux la comparer qu'à une invention française. C'est moi qui l'ai trouvée et ce sont les autres qui en profitent.

Henri Duvernois

Invisible

L'essentiel est invisible. On ne voit bien qu'avec le cœur.

Antoine de Saint-Exupéry

Israël

En Israël, si vous voulez être réaliste, vous devez croire aux miracles.

David Ben Gourion

Italien

Les Italiens sont des Français de bonne humeur.

Jean Cocteau

J-K

Jalousie

Il y a dans la jalousie plus d'amour-propre que d'amour.

François de La Rochefoucauld

La jalousie naît toujours avec l'amour,
mais elle ne meurt pas toujours avec lui.

François de La Rochefoucauld

Jaloux

La femme pardonne rarement qu'on soit jaloux ;
ni jamais ne pardonne qu'on ne le soit pas.

Paul-Jean Toulet

Japonais

Pour se nourrir, les Japonais mangent du riz sans blanquette ! J'en ris encore.

PIERRE DESPROGES

Jardin

Mon corps est un jardin, ma volonté est son jardinier.

WILLIAM SHAKESPEARE

Jardinier

Voulez-vous profiter de votre jardin ? Mettez des vêtements souples et lâches, un chapeau de paille, ayez dans une main un râteau et dans l'autre une boisson glacée, indiquez ensuite au jardinier la plate-bande qu'il doit bêcher.

New York Times, cité par CLAUDE JEAN.

Pourquoi Dieu a-t-il fait l'homme jardinier ? C'est parce qu'il savait qu'au jardin la moitié du travail se fait à genoux.

Rudyard Kipling

Je

Car Je est un autre. Si le cuivre s'éveille clairon, il n'y a rien de sa faute. [...] Cela m'est évident : j'assiste à l'éclosion de ma pensée.

Arthur Rimbaud

Jésus

Si Dieu avait eu une fille plutôt qu'un garçon, la religion n'existerait pas. Mademoiselle Jésus, c'est pas pensable ! Ils auraient pas osé la crucifier ; ils l'auraient mise en pension.

Jean-Marie Gourio

Non seulement Jésus-Christ était fils de Dieu,
mais encore il était d'excellente famille du côté de sa mère.

Mgr Louis de Quelen

Jeu

Ce qu'il y a de terrible avec l'argent gagné au jeu,
c'est qu'on le dépense d'abord et qu'on le reperd après.

Tristan Bernard

L'homme véritable veut deux choses : le danger et le jeu.
C'est pourquoi, il veut la femme, le jouet le plus dangereux.

Friedrich Nietzsche

Jeune

Je ne suis pas assez jeune pour tout savoir.

James Matthew Barrie

Le destin déplorable des jeunes gens dans le vent est
de finir dans la peau de vieillards enrhumés.

Jean Dutourd

Jeune, on est riche de tout l'avenir qu'on rêve ;
vieux, on est pauvre de tout le passé qu'on regrette.

P. Rochepèdre

Le mot « jeune » est un mot de vieux.

Nicole Védrès

Jeunesse

On revient de sa jeunesse comme d'un pays étranger.
Le poème, le livre est la relation du voyage.

Federico García Lorca

On a dit que je cours après ma jeunesse. Il est vrai.
Et pas seulement après la mienne.

André Gide

La jeunesse, c'est la passion pour l'inutile.

Jean Giono

S'il est vrai que la jeunesse est un défaut, on s'en corrige bien vite.

Wolfgang von Goethe

La jeunesse est le temps d'étudier la sagesse.
La vieillesse est le temps de la pratiquer.

Jean-Jacques Rousseau

La jeunesse est la seule chose qui vaille d'être possédée. Je ferais tout au monde pour la retrouver, sauf être respectable, me lever tôt et prendre de l'exercice.

Oscar Wilde

Si l'on veut retrouver sa jeunesse, il suffit d'en répéter les erreurs.

Oscar Wilde

Joie

La joie ne se cueille pas deux fois dans une vie,
comme les roses de Paestum deux fois dans une année.

Edgar Allan Poe

La joie est en tout. Il s'agit de savoir l'extraire.

Confucius

Jolie

Victor Hugo disait à Marie Dorval (1798-1849) qui fut la maîtresse adorée de Vigny : « Vous n'êtes pas jolie, vous êtes pire. »

Une bonne personne, dans la bouche des femmes,
est une autre femme qui a la bonté de n'être pas jolie.

Marivaux

Jouir

Les hommes qui sont nés pour jouir véritablement de la vie font ce qui leur plaît, à l'heure où cela leur plaît, et ne perdent pas leur temps à prévoir l'avenir, à se garer de catastrophes.

Alfred Capus

Journal

Un journal, c'est la conscience d'une nation.

Albert Camus

Homère est nouveau ce matin et rien n'est peut-être aussi vieux que le journal d'aujourd'hui.

Charles Péguy

Je ne lis jamais un journal de mon opinion : celle-ci serait faussée.

Erik Satie, cité par Ornella Volta

Journalisme

Le journalisme est un métier où l'on passe une moitié de sa vie à parler de ce que l'on ne connaît pas et l'autre moitié à taire ce que l'on sait.

Henri Béraud

Le journalisme consiste à annoncer que M. Watson est mort à des millions de gens qui ne savaient pas qu'il vivait.

MARK TWAIN

En cette fin de siècle, le journalisme est illisible et la littérature n'est pas lue.

OSCAR WILDE

Journaliste

D'abord, il lèche, puis il lâche et il lynche.

Cité par JEAN-FRANÇOIS KAHN

Le vrai journaliste est celui qui vend la mèche en se brûlant les doigts.

PIERRE NORA

Judaïsme

Judaïsme : religion des juifs fondée sur la croyance en un Dieu unique, ce qui la distingue de la religion chrétienne qui s'appuie sur la foi en un seul Dieu, et, plus encore, de la religion musulmane, résolument monothéiste.

Pierre Desproges

Juif

Histoire juive :
– Pourquoi Dieu a-t-il créé les catholiques ?
– C'est pour qu'il y en ait quand même qui achètent au détail.

Anonyme

Je fus élevé dans la tradition juive qui m'apprit à ne jamais épouser une fille non juive, à ne jamais me raser le samedi et, plus spécialement, à ne jamais raser une fille non juive un samedi.

Woody Allen

Si t'as pas de grand-père banquier,
veux-tu me dire à quoi ça sert d'être juif.

MICHEL AUDIARD

J'appartiens à ce peuple qu'on a souvent appelé élu.
Élu ? enfin, disons en ballottage.

TRISTAN BERNARD

Les trois grandes fêtes juives sont : d'abord Rosh ha-Shana,
le nouvel an juif. Ensuite Yom Kippour, le grand pardon
et enfin le Salon du prêt-à-porter.

POPECK

Jumelage

La ville d'Antibes et la ville de Biot
(Alpes-Maritimes) vont fusionner.
Leurs habitants s'appelleront désormais les Antibiotiques.

FRANCIS BLANCHE

Jury

Un jury est un groupe de douze personnes d'ignorance moyenne réunies par tirage au sort pour décider qui, de l'accusé ou de la victime, a le meilleur avocat.

Herbert Spencer

Justice

La justice, c'est comme la Sainte Vierge, si on la voit pas de temps en temps, le doute s'installe.

Michel Audiard

Je crois en la justice, mais je défendrais ma mère avant la justice.

Albert Camus

La Justice, cette forme endimanchée de la vengeance.

Me Stephen Hecquet

La justice sans la force est impuissante ;
la force sans la justice est tyrannique.

BLAISE PASCAL

La justice est gratuite. Heureusement, elle n'est pas obligatoire.

JULES RENARD

Kinésithérapeute

Guérisseur non médecin
qui soigne les malades des médecins non guérisseurs.

GEORGES ELGOZY

Klaxon

La plupart des automobiles du monde marchent à l'essence. Les autos françaises marchent au klaxon. Surtout quand elles sont arrêtées.

PIERRE DANINOS

L

Laid

Une laide impérieuse et qui veut plaire
est un pauvre qui commande qu'on lui fasse la charité.

NICOLAS DE CHAMFORT

Mère Ubu, tu es bien laide aujourd'hui.
Est-ce parce que nous avons du monde ?

ALFRED JARRY

Il était si laid que, lorsqu'il faisait des grimaces, il l'était moins.

JULES RENARD

Lait

Mon médecin m'avait conseillé de prendre chaque matin un bain de lait, si je voulais conserver mon teint de jeune fille. Mais, l'autre jour, j'ai été grièvement blessé : quand la vache m'est tombée dessus. Elle avait glissé sur la savonnette.

Woody Allen

Je boirai du lait quand les vaches brouteront du raisin.

Henri de Toulouse-Lautrec

Langage

Il y a trois sortes d'êtres au langage mystérieux :
Les plus aisés à comprendre sont les Fous
Puis viennent les Polytechniciens
Et enfin les Comptables.

Auguste Detœuf

Langue

La langue sert aux femmes à déguiser leur pensée
et aux hommes leur impuissance.

Anonyme

On parle plusieurs langues mais on ne cause que dans la sienne.

Jules Barbey d'Aurevilly

Je rêve d'une langue dont les mots, comme les poings,
fracasseraient les mâchoires.

Emil Michel Cioran

C'est une langue bien difficile que le français. À peine écrit-on
depuis quarante-cinq ans qu'on commence à s'en apercevoir.

Colette

La langue, c'est l'haleine sonore de la patrie. Mais moi, je suis un
grand asthmatique puisque je ne connais ni le tchèque, ni l'hébreu.

Franz Kafka

Ma tête dit l'anglais ; mon cœur le russe ; mon oreille le français.

VLADIMIR NABOKOV

Langue étrangère

J'ai appris l'italien pour parler au pape, l'espagnol pour parler à ma mère, l'anglais pour parler à ma tante, l'allemand pour parler à mes amis et le français pour me parler à moi-même.

CHARLES QUINT

Le privilège de l'Anglais est de ne comprendre aucune autre langue que la sienne. Et même s'il comprend, il ne doit en aucun cas s'abaisser à le laisser croire.

PIERRE DANINOS

Larme

Le savon est au corps ce que les larmes sont à l'âme.

Anonyme

Ne me secouez pas. Je suis plein de larmes.

Henri Calet

Moi, j'aimais le goût des larmes retenues,
de celles qui semblent tomber des yeux dans le cœur.

Valery Larbaud

Que deviennent toutes les larmes qu'on ne verse pas ?

Jules Renard

Les larmes sont l'extrême sourire.

Stendhal

Latin

Sur la mort, on ne peut parler qu'en latin.

Emil Michel Cioran

Il faut d'abord bien savoir le latin. Ensuite, il faut l'oublier.

Charles de Montesquieu

Lecteur

Ceux qui écrivent clairement ont des lecteurs ;
ceux qui écrivent obscurément ont des commentateurs.

ALBERT CAMUS

Je conseille à un écrivain d'inviter un jour ses lecteurs place de la Concorde à huit heures du matin ; il pourra vérifier quels sont ses « fidèles » !

PAUL MORAND

Lecture

À la question traditionnelle.
« Si vous deviez partir sur une île déserte, qu'emporteriez-vous comme lecture ? », Marilyn Monroe avait répondu : « Un marin tatoué ! »

La lecture, charmant oubli de vous-même et de la vie.

ANTOINE DE RIVAROL

Lecture rapide

J'ai lu tout *Guerre et Paix* en vingt minutes : ça parle de la Russie.

WOODY ALLEN

Légende

Entre l'histoire et la légende, je choisirai toujours la légende.

JOHN FORD

Les pays qui n'ont plus de légendes sont condamnés à mourir de froid.

PATRICE DE LA TOUR DU PIN

Légion d'honneur

On rencontre quelquefois dans les affaires des gens qui ne sont pas officiers de la Légion d'honneur. Il ne faut pas les mépriser, ils le deviendront.

AUGUSTE DETŒUF

En France, le deuil des convictions se porte en rouge et à la boutonnière.

Jules Renard

La Légion d'honneur ? À partir d'un certain âge, il faut disposer d'un sacré piston pour ne pas l'avoir.

San-Antonio

La Légion d'honneur, c'est comme les hémorroïdes, n'importe quel cul peut l'avoir.

Jean Yanne

Lendemain

Que mes amis sachent que je suis resté fidèle à l'idéal de ma vie ; que mes compagnons sachent que je vais mourir pour que vive la France. Je vous prépare tout à l'heure des lendemains qui chantent.

Gabriel Péri
(dernière lettre avant d'être fusillé par les Allemands en 1941)

Ne remettez jamais au lendemain
ce que vous pouvez faire le surlendemain.

Mark Twain

Lettre

Écrire des lettres, c'est bon pour les apothicaires.

Nicolas Gogol

Que de lettres on n'écrit que pour leur post-scriptum !

Sacha Guitry

Le métier des lettres est tout de même le seul
où l'on puisse sans ridicule ne pas gagner d'argent.

Jules Renard

Levure

Je me propose d'agiter et d'inquiéter les gens.
Je ne vends pas le pain, mais la levure.

Miguel de Unamuno

Lézard

Le Mur : – Je ne sais quel frisson me passe sur le dos.
Le Lézard : – C'est moi !

JULES RENARD

Liaison

Les liaisons commencent dans le champagne
et finissent dans la camomille.

VALERY LARBAUD

Libération

Je sais mal ce qu'est la liberté,
mais je sais bien ce qu'est la Libération.

ANDRÉ MALRAUX, *Antimémoires*.

Liberté

Dieu a dit aux hommes de se débrouiller,
et c'est ce que les professeurs de philosophie appellent liberté.

Robert Brasillach

La liberté est un bagne aussi longtemps
qu'un seul homme est asservi sur la terre.

Albert Camus

La liberté est un mot qui a fait le tour du monde
et qui n'en est pas revenu.

Henri Jeanson

Il n'y a de liberté pour personne
s'il n'y en a pas pour celui qui pense autrement.

Rosa Luxemburg

Ce n'est pas de liberté qu'on a besoin,
mais de n'être enchaîné que par ce qu'on aime.

Pierre Reverdy

En fait, nous sommes une liberté qui choisit, mais nous ne choisissons pas d'être libres : nous sommes condamnés à la liberté.

Jean-Paul Sartre

Libraire

Lorsque je rentre dans une librairie, je ne choisis pas un livre,
c'est lui qui me choisit.

Marilyn Monroe

Libre

Ils veulent être libres et ne savent pas être justes.

Emmanuel Joseph Sieyès
(discours à la Constituante, 10 août 1789)

Un être humain est libre, non quand l'autre ne l'est pas,
mais quand l'autre l'est aussi.

ÉLIE WIESEL

L'homme vraiment libre est celui qui refuse une invitation à dîner
sans donner d'excuse.

OSCAR WILDE

Lieux communs

Il ne faut pas médire des lieux communs,
il faut des siècles pour en faire un.

P. -J. STAHL

Lièvre

Pour bien déguster un lièvre, il faut être trois : le lièvre,
le chasseur… et un bon verrou à la porte.

Dicton d'Armagnac selon JEAN-MARIE RIVIÈRE, cité par J.-P. LACROIX

Lire

Lire est le seul moyen de vivre plusieurs fois.

Pierre Dumayet,
Exergue de la rubrique « Lectures pour tous » du *Nouvel Observateur*.

J'aime à lire comme une poule boit,
en relevant fréquemment la tête, pour faire couler.

Jules Renard

Certains lisent parce qu'ils sont trop paresseux pour réfléchir.
Le chemin de l'ignorance est pavé de bonnes éditions.

George Bernard Shaw

Lit

Mieux vaut lit de bois que cercueil d'or.

Proverbe russe

Être dans son lit serait une expérience à la fois parfaite et sublime si l'on pouvait avoir un crayon assez long pour dessiner sur le plafond.

GILBERT KEITH CHESTERTON

Alors, madame, nous habitons dans la même chambre
et nous dormons dans le même lit, chère Madame. C'est peut-être là
que nous nous sommes rencontrés !

EUGÈNE IONESCO

Littérature

On ne peut pas parler de littérature sans avoir lacé ses chaussures.

JORGE LUIS BORGES

La littérature n'est qu'une forme édulcorée de la confession.

PIERRE DRIEU LA ROCHELLE

La raison d'être de la littérature, française surtout, c'est de troubler l'ordre public. Faute de quoi, ni Molière, ni Jean-Jacques, ni

Beaumarchais, ni Chateaubriand, ni Hugo, etc. n'auraient existé.

PAUL MORAND, cité par FRÉDÉRIC FERNEY

Beauté de la littérature. Je perds une vache. J'écris sa mort
et ça me rapporte de quoi acheter une autre vache.

JULES RENARD

Le monde peut fort bien se passer de littérature.
Mais, il peut se passer de l'homme encore mieux.

JEAN-PAUL SARTRE

Livre

Le livre est comme un jardin
que vous pouvez mettre dans votre poche.

Proverbe arabe

Un beau livre,
c'est celui qui sème à foison des points d'interrogation.

JEAN COCTEAU

Quand je veux lire un livre, j'en écris un.

BENJAMIN DISRAELI

Les plus beaux livres sont ceux qui n'ont jamais été écrits.

ANATOLE FRANCE

Certains livres ressemblent à la cuisine italienne :
ils bourrent, mais ne remplissent pas.

EDMOND et JULES DE GONCOURT

Un livre n'est jamais un chef-d'œuvre : il le devient.
Le génie est le talent d'un homme mort.

EDMOND et JULES DE GONCOURT

Il est bon de lire un livre entre les lignes :
cela fatigue moins les yeux.

SACHA GUITRY

Il va falloir qu'un jour enfin je me décide à lire les livres que, depuis trente ans, je conseille à mes amis de lire.

SACHA GUITRY

Publier un livre, c'est parler à table devant les domestiques.

HENRY DE MONTHERLANT

Un livre n'est rien qu'un petit tas de feuilles sèches,
ou alors, une grande forme en mouvement : la lecture.

JEAN-PAUL SARTRE

Les livres gagnent toujours à ne pas être lus :
regardez nos classiques.

GEORGE BERNARD SHAW

À force d'aimer un livre on finit par se dire qu'il vous aime.

NICOLE VÉDRÈS

Un livre est une bouteille jetée en pleine mer
sur laquelle il faut coller cette étiquette : ATTRAPE QUI PEUT.

ALFRED DE VIGNY

Loi

S'il fallait étudier toutes les lois,
on n'aurait pas le temps de les transgresser.

Wolfgang von Goethe

Les lois sont comme les toiles d'araignée, qui prennent
les moucherons mais laissent passer les guêpes et les frelons.

Jonathan Swift

Loire

La Loire, un grand fleuve de sable quelquefois mouillé.

Jules Renard

Londres

Si les bars à Londres avaient des terrasses comme à Paris,
on y boirait des verres de pluie.

Somerset Maugham

À Londres, il n'y a pas de différence entre la vitrine d'un marchand
d'abat-jour et celle d'une modiste.

San-Antonio

Londres est plein de brouillard et de gens sérieux.
Est-ce le brouillard qui produit les gens sérieux,
ou bien les gens sérieux qui produisent le brouillard ?

Oscar Wilde

Lord

Je me méfie de l'aristocratie anglaise :
tout ce qui reluit n'est pas lord.

Louis Auguste Commerson

Los Angeles

À Los Angeles ils ne jettent pas leurs ordures.
Ils en font des émissions de variétés pour la télévision.

Woody Allen

Lourdes

– Vous vous faites analyser ?
– Oh ! depuis quinze ans seulement.
Encore un an et je vais à Lourdes.

WOODY ALLEN

Je suis allé à Lourdes avec ma femme. Il n'y a pas eu de miracle. Je suis revenu avec.

SEYMOUR BRUSSELS

Mon père est allé à Lourdes. Il ne lui reste plus que Lisieux pour pleurer.

COLUCHE

Louvre

Devant le musée du Louvre, un agent hurlait : « Circulez ! Y a rien à voir. »

YVAN AUDOUARD

Lucidité

La lucidité est la blessure la plus rapprochée du soleil.

RENÉ CHAR

Lumière

Cet homme n'était pas une grande lumière,
mais un grand et commode chandelier.

GEORG CHRISTOPH LICHTENBERG

Combien d'hommes se pressent vers la lumière, non pas pour voir mieux, mais pour mieux briller.

FRIEDRICH NIETZSCHE

Lune

On te montre la lune et tu regardes le doigt.

Proverbe rundi

La preuve que la lune est habitée, c'est qu'il y a de la lumière.

Francis Blanche

La lune est le soleil des statues.

Jean Cocteau

La lune serait habitée,
on n'oserait plus bronzer à poil sur les balcons.

Jean-Marie Gourio

Le 21 juillet 1969, Neil Armstrong fut le premier homme à poser le pied sur la Lune ; ce jour-là, la Lune mourut aux yeux de tous.

Jean Hamburger

Lyon

Si Paris est la capitale de la France,
Lyon est la capitale de la province.

Albert Thibaudet

M

Magazine

J'ai beaucoup aimé l'article du numéro de janvier…
dès que j'irai chez le dentiste, je lirai celui de février.

Groucho Marx

Main

Tant de mains pour transformer ce monde,
et si peu de regards pour le contempler.

Julien Gracq

Joindre les mains, c'est bien, mais les ouvrir, c'est mieux.

Louis Ratisbonne

Je ne me suis pas lavé les mains depuis Ponce Pilate.

JULES RENARD

Maison

Votre maison est l'endroit où vous pouvez vous gratter,
quel que soit l'endroit qui vous démange.

Anonyme

Maître

On ne peut se rendre maître des choses en les possédant toutes ;
*il faut s'en rendre le maî*tre en les méprisant toutes.

JACQUES BÉNIGNE BOSSUET

On n'a pas d'autre maître que soi-même ;
il faut que ce maître soit dur.

JEAN GUÉHENNO

Majorité

L'avis de la majorité ne peut être que l'expression de l'incompétence.

RENÉ GUÉNON

La majorité a toujours raison, mais la raison a bien rarement la majorité aux élections.

JEAN MISTLER

Mal

Un mal de dents vous fait oublier un mal de tête.

Proverbe juif

Le mal se fait sans effort, naturellement, par fatalité ; le bien est toujours le produit d'un art.

CHARLES BAUDELAIRE

Il vaut mieux bien faire le mal que mal faire le bien.

Ovide

Le mal est notre ennemi.
Mais, ne serait-il pas pire qu'il fût notre ami ?

Léonard de Vinci

Maladie

C'est la maladie qui rend la santé agréable ;
le mal qui engendre le bien ;
C'est la faim qui fait désirer la satiété et la fatigue le repos.

Héraclite

La nature ne semble guère capable de donner que des maladies assez courtes. Mais la médecine s'est annexé l'art de les prolonger.

Marcel Proust

Les maladies suspendent nos vertus et nos vices.

Luc de Vauvenargues

Malchanceux

Quand les roubles tombent du ciel, le malchanceux n'a pas de ciel.

Proverbe russe

Si le malchanceux devait faire le commerce de linceuls,
personne ne mourrait !

Le Livre de la sagesse arabe

Malheur

Élevé à la rude école du malheur, il y remportait tous les prix.

Alphonse Allais

C'est un proverbe turc que ce beau mot :
« Ô malheur ! je te rends grâces si tu es seul. »

Nicolas de Chamfort

Lorsque le malheur touche l'homme, il est plein d'impatience ;
lorsque le bonheur l'atteint, il est plein d'insolence.

Mahomet

Manteau

Saint Martin a donné la moitié de son manteau à un pauvre : comme ça, ils ont eu froid tous les deux.

Jacques Prévert

Manuscrit

Votre manuscrit est à la fois bon et original. Malheureusement la partie qui est bonne n'est pas originale et celle qui est originale n'est pas bonne.

Samuel Johnson

Marche

Quand l'homme a voulu imiter la marche, il a créé la roue, qui ne ressemble pas à une jambe. Il a fait du surréalisme sans le savoir.

Guillaume Apollinaire

Mari

Un bon mari ne se souvient jamais de l'âge de sa femme,
mais de son anniversaire, toujours.

JACQUES AUDIBERTI

Dans n'importe quel ménage, quand il y a deux hommes,
c'est toujours le mari qui est le plus laid.

GEORGES FEYDEAU

Les maris se choisissent toujours les yeux ouverts,
et les amants les yeux fermés.

HENRI JEANSON

Mariage

Le mariage est comme une place assiégée : ceux qui sont dehors veulent y entrer et ceux qui sont dedans veulent en sortir.

Proverbe

Je me suis marié une fois à l'église, deux fois à la mairie,
le reste à la sauvette.

José Artur

Ne pouvant pas supprimer l'amour, l'Église a voulu
au moins le désinfecter… et elle a fait le mariage.

Charles Baudelaire

Se marier à l'église et à la mairie, c'est ficeler un paquet avec
un double nœud. On a tellement peur que ça ne tienne pas !

André Birabeau

Je me suis marié deux fois, deux catastrophes :
ma première femme est partie, ma deuxième est restée.

Francis Blanche

Le mariage est une pièce à deux personnages
dont chacun n'étudie qu'un rôle, celui de l'autre.

Octave Feuillet

Le mariage est l'art pour deux personnes de vivre ensemble aussi heureuses qu'elles auraient vécu chacune de son côté.

GEORGES FEYDEAU

Le mariage est comme le restaurant : à peine est-on servi qu'on regarde ce qu'il y a dans l'assiette du voisin.

SACHA GUITRY

Les femmes ne me pardonnent pas de m'être marié quatre fois[1].
Les hommes ne me pardonnent pas d'avoir quatre fois divorcé.

SACHA GUITRY

Il vaut mieux encore être marié qu'être *mort*.

MOLIÈRE

Celui-là s'y entendait, ce me semble, qui dit qu'un bon mariage s'établissait d'une femme aveugle avec un mari sourd.

MICHEL DE MONTAIGNE

1. Écrit en 1947, avant son mariage avec Lana Marconi.

Des hommes n'ont l'air de s'être mariés
que pour empêcher leurs femmes de se marier avec d'autres.

JULES RENARD

Quand un homme et une femme sont mariés, ils ne font plus qu'un.
La première difficulté est de décider lequel.

GEORGE BERNARD SHAW

De toute façon, mariez-vous : si vous avez une bonne épouse,
vous serez heureux. Si vous en avez une mauvaise,
vous deviendrez philosophe.

SOCRATE

Le mariage est une si belle chose qu'il faut y penser toute sa vie.

TALLEYRAND

Ne vous mariez jamais : l'homme le fait par lassitude,
la femme par curiosité et chacun est déçu.

OSCAR WILDE

Marketing

Le marketing est une sorte de sociologie vénale, d'ethnologie de bazar dont le but est de savoir de quoi vous n'avez pas besoin et que l'on pourrait quand même vous vendre.

PHILIPPE MEYER

Marseille

On dit qu'à Marseille on fait voter les morts. Eh bien, je peux vous dire que c'est faux : ils votent comme ils veulent.

Attribué à tous les maires de Marseille

Masque

L'homme cesse d'être lui-même dès qu'il parle pour son propre compte. Donnez-lui un masque et il vous dira la vérité.

OSCAR WILDE

Masturbation

Ne dites pas de mal de la masturbation. Après tout,
c'est une façon de faire l'amour avec quelqu'un qu'on aime bien.

Woody Allen

Plus je connais les femmes, plus j'aime ma main.

Professeur Choron

Ce que j'aime dans la masturbation,
c'est qu'on n'est pas obligé de parler après.

Miloš Forman

Maternel

Avec l'amour maternel, la vie nous a fait à l'aube
une promesse qu'elle ne tient jamais.

Romain Gary

Mauvais

« Bon à rien, ce serait encore trop dire. Tu n'es pas bon à rien,
tu es mauvais à tout. Je ne sais pas si tu me saisis,
mais moi je me comprends. »

Marcel Pagnol
Le Schpounz, réplique de Charpin

Maxime

Toutes les bonnes maximes sont dans le monde ;
on ne manque qu'à les appliquer.

Blaise Pascal

Les maximes, bien entendu celles des autres, me font souvent l'effet des noisettes. Du dehors, toutes se ressemblent, et, au-dedans, les trois quarts sont creuses.

Fernand Vanderem

Mayonnaise

Le sandwich à la mayonnaise est sponsorisé
par la Chambre syndicale de la teinturerie.

José Artur

Médaille

L'homme se tient debout sur ses pattes de derrière pour recevoir
moins de pluie et pouvoir accrocher des médailles sur sa poitrine.

Jean Giraudoux

Médecin

« Qu'on m'appelle un fossoyeur ! » ordonna Plutarque
alors qu'il se sentait très malade.
« Voyons, maître, lui dit son esclave, vous voulez dire : un médecin.
– Non, répondit Plutarque, au diable les intermédiaires ! »

Adage médical

Le psychiatre sait tout et ne fait rien. Le chirurgien ne sait rien et fait tout. Le dermatologue ne sait rien et ne fait rien. Le médecin légiste sait tout, mais un jour trop tard.

Adage populaire

Un bon médecin est celui qui guérit au moins huit malades sur dix, car sept malades sur dix guérissent spontanément.

Axiome chinois

Si votre heure n'est pas venue,
même un médecin ne peut pas vous tuer.

Proverbe oriental

Je ne sais plus que faire : j'ai consulté deux médecins. Le premier veut m'envoyer à Pau pour une maladie de foie, et le second à Foix pour une maladie de peau.

Francis Blanche

Il en est des médecins comme des avocats. La seule différence c'est que l'avocat se contente de vous voler alors que le médecin vous vole et vous tue par la même occasion.

Anton Tchekhov

Médecine

La médecine, c'est ingrat. Quand on veut se faire honorer par les riches, on a l'air d'un larbin ; par les pauvres, on a tout du voleur.

Louis-Ferdinand Céline

C'est un art qu'on exerce en attendant qu'on le découvre.

Émile Deschamps

La médecine a fait depuis un siècle des progrès sans répit, inventant par milliers des maladies nouvelles.

Louis Scutenaire

Médisance

La médisance est encore le plus grand lien des sociétés.

EDMOND et JULES DE GONCOURT

Meeting

Gladstone (premier ministre britannique) me parle comme si j'étais une réunion publique.

LA REINE VICTORIA

Mélancolie

On ne peut empêcher les oiseaux noirs de voler au-dessus de nos têtes, mais on peut les empêcher d'y faire leur nid.

Proverbe chinois

La mélancolie n'est que de la ferveur retombée.

ANDRÉ GIDE

Mélomane

Un vrai mélomane, c'est quelqu'un qui, entendant une très jolie femme chantant dans la salle de bains, se penche vers le trou de la serrure pour y coller l'oreille.

Yvan Audouard

Membres

J'avais quatre membres flexibles et un raide.
Maintenant, j'en ai quatre raides et un flexible.

Duc de Morny

Mémoire

La mémoire, c'est comme l'écho qui continue à se répercuter après que le son s'est éteint.

Samuel Butler

Les pense-bêtes sont les porte-clés de la mémoire.

Pierre Dac

L'avantage de la mauvaise mémoire est qu'on jouit plusieurs fois des mêmes choses pour la première fois.

Friedrich Nietzsche

Il est tellement facile d'écrire ses souvenirs quand on a une mauvaise mémoire.

Arthur Schnitzler

La vie a perdu contre la mort, mais la mémoire gagne dans son combat contre le néant.

Tzvetan Todorov

Menace

Les menaces sont les seules armes de celui qui menace.

Léonard de Vinci

Ménage

La mère faisait des ménages, la fille les défaisait.

Georges Feydeau

Mendiant

Mendiant, mais gouverneur d'une gamelle.

Henri Michaux

Mener

L'enfant mène la femme, qui mène l'homme, qui mène les affaires.

Hippolyte Taine

Mensonge

Le mensonge suppose une délicatesse d'âme
dont bien des gens sincères sont dépourvus.

Pierre Belfond

Les femmes sont tellement menteuses
qu'on ne peut même pas croire le contraire de ce qu'elles disent.

GEORGES COURTELINE

Il y a deux sujets sur lesquels les Français mentent : le nombre de livres qu'ils lisent et le nombre de coups qu'ils tirent. Les enquêtes sur la lecture et celles sur la sexualité sont les moins fiables de toutes.

JEAN-CLAUDE FASQUELLE
cité par *Le Nouvel Observateur*, 17 octobre 1991

Le mensonge le plus fructueux est celui qui consiste
à faire croire à quelqu'un qui vous ment qu'on le croit.

SACHA GUITRY

Le mensonge est, comme le tabac et les allumettes,
monopole d'État.

HENRI JEANSON

Que ferais-je à Rome ? Je ne sais pas mentir.

JUVÉNAL

On ment bien de la bouche, mais avec la gueule
qu'on fait en même temps, on dit la vérité quand même.

Friedrich Nietzsche

Menteur

Menteur comme un soutien-gorge.

Robert Chapatte

Mentir

Un homme ment-il lorsqu'il déclare ouvertement : « Je mens » ?

Fedor Dostoïevski

Il est difficile de croire que quelqu'un dit la vérité,
alors que vous savez que vous mentiriez si vous étiez à sa place.

Henry Louis Mencken

Mépriser

Tout obtenir afin de pouvoir tout mépriser.

MAURICE BARRÈS

Mer

Les familles, l'été venu, se dirigent vers la mer en y emmenant leurs enfants, dans l'espoir, souvent déçu, de noyer les plus laids.

ALPHONSE ALLAIS

Pourquoi le spectacle de la mer est-il si infiniment et si éternellement agréable ? Parce que la mer offre à la fois l'idée de l'immensité et du mouvement.

CHARLES BAUDELAIRE

La mer sera agitée à très agitée, sauf dans le Massif central.

ALEXANDRE VIALATTE

Merci

Celui qui, dans la vie, est parti de zéro pour n'arriver à rien
dans l'existence n'a de merci à dire à personne.

Pierre Dac

Mère

Comme Dieu ne pouvait pas être partout, il a inventé les mères.

Dicton juif

Toutes les femmes deviennent comme leur mère. Tel est leur drame.
Les hommes ne le deviennent jamais. Tel est le leur.

Oscar Wilde

Merveille

Nombreuses sont les merveilles du monde,
mais la plus grande des merveilles reste l'homme.

Sophocle

Message

Il y a un message au lieu d'un lézard sous chaque pierre.

André Breton

Messe

Je ne vais pas à la messe car elle est à l'heure de l'apéritif.

Georges Courteline

Dieu, hostie ou pas, est un plat qui se mange froid.

Pierre Desproges

La sonnette frénétique au moment de l'élévation :
Dieu entre en gare.

Carlo Rim, cité par Raymond Castans

Métaphore

– Attention ! j'ai le glaive vengeur et le bras séculier.
L'aigle va fondre sur la vieille buse !...
Un peu chouette comme métaphore, non ?
– C'est pas une métaphore, c'est une périphrase.
– Fais pas chier !...
– Ça, c'est une métaphore !

MICHEL AUDIARD

Métaphysique

Un métaphysicien est un homme qui se rend à minuit, sans lumière, dans une cave obscure à la recherche d'un chat noir qui ne s'y trouve pas.

CAROL BOWEN

Météorologie

Quand de Deauville on voit Le Havre, c'est qu'il va pleuvoir.
Quand on ne le voit pas, c'est qu'il pleut déjà.

TRISTAN BERNARD

Quand le baromètre se passe la patte derrière l'oreille,
c'est que le chat est à la pluie.

LÉO CAMPION

Quand la tour de Pise penche sur la droite, c'est qu'il va pleuvoir. Quand elle penche vers la gauche, c'est que vous arrivez par l'autre bout de la rue.

FRANÇOIS CAVANNA

… J'avais les fesses froides et le gillot pétré[1].

PIERRE DESPROGES

1. Alain Gillot-Petré. Mythique présentateur du bulletin météorologique dans le journal de TF1, décédé en 1999.

Métier

Dieu me pardonnera : après tout, c'est son métier.

HEINRICH HEINE
(à la fin de sa vie).

Métro

Groucho Marx, assis dans le métro, s'adresse à une dame qui se tient debout : « Je vous céderais volontiers ma place, mais elle est occupée. »

Tout homme de quarante ans
qui prend encore le métro est un raté.

SALVADOR DALÍ

Mi-chemin

À Marie de Médicis qui disait : « J'aime tant Paris et tant Saint-Germain, que je voudrais avoir un pied à l'un et un pied à l'autre »,

ce vieux paillard de Bassompierre déclarait :
« Alors, moi, je voudrais être à Nanterre ! »

GÉDÉON TALLEMANT DES RÉAUX

Militaire

Vous autres, militaires, vous avez bien de la chance :
quand vous gagnez les guerres, vous avez la gloire ;
quand vous les perdez, vous avez le pouvoir ;
et si vous trahissez, il vous reste l'honneur.

ABEL BONNARD

Il suffit d'ajouter « militaire » à un mot pour lui faire perdre sa signification. Ainsi la justice militaire n'est pas la justice, la musique militaire n'est pas la musique.

GEORGES CLEMENCEAU

Milliardaire

Parce que le milliardaire n'a pas récolté sans peine,
il imagine qu'il a semé.

Jean Jaurès

Million

Si un homme veut gagner un million de dollars,
le plus sûr est de créer une religion.

L. Ron Hubbard
(créateur de l'Église de scientologie).

Millionnaire

Un millionnaire est un milliardaire qui vient de payer ses impôts.

Jean Rigaux

Minijupe

J'aime bien la minijupe : je n'y vois que des avantages.

Francis Blanche

Montrer les cuisses, oui… mais les genoux, jamais !

Coco Chanel

Ministère

Un ministère est un lieu où ceux qui partent en avance croisent dans les escaliers ceux qui arrivent en retard.

Georges Courteline

Minute

Il est plus économique de lire *Minute* que Sartre.
Pour le prix d'un journal, on a à la fois la nausée et les mains sales.

Pierre Desproges

Miracle

On appelle miracle quand Dieu bat ses records.

JEAN GIRAUDOUX

Misanthrope

C'est l'homme que je suis qui me rend misanthrope.

JULES RENARD

Misogynie

La femme idéale, c'est la femme corrézienne, celle de l'ancien temps, *dure à la peine*, qui sert les hommes à table, ne s'assied jamais avec eux, ne parle pas.

JACQUES CHIRAC

La femme et les parfums sont subtils, aussi faut-il les enfermer.

MAHOMET

La femme est notre propriété, nous ne sommes pas la sienne.

Comme l'arbre à fruits est celle du jardinier.

NAPOLÉON Ier

Missionnaire

Nous envoyons des missionnaires en Chine, pour que les Chinois puissent aller au paradis, mais nous ne leur permettons pas de venir chez nous.

PEARL S. BUCK

Les missionnaires, quelle manne divine pour les cannibales sous-alimentés ! Dès que la famine approche, le ciel, dans son infinie charité, leur expédie un missionnaire bien dodu.

OSCAR WILDE

Mite

La mite est née le jour où Gaston Gallimard a ouvert son portefeuille devant l'un de ses auteurs.

ALEXANDRE VIALATTE, cité par ANGELO RINALDI

Mode

La mode meurt jeune, c'est ce qui fait sa légèreté si grave.

JEAN COCTEAU

Les modes ne sont après tout que des épidémies provoquées.

GEORGE BERNARD SHAW

La mode est une forme de laideur si intolérable
qu'il faut en changer tous les six mois.

OSCAR WILDE

Modeste

C'est difficile d'être modeste quand on n'est personne.

JULES RENARD

Si seulement j'étais un tout petit peu modeste, je serais parfait.

TED TURNER

Modestie

La modestie est l'art de faire dire par d'autres
tout le bien que l'on pense de soi-même.

PHILIPPE BOUVARD

Moi

Qui, à ma place, supporterait d'être moi ?

WOODY ALLEN

Je ne suis jamais hors de moi, je me manquerais.

SACHA GUITRY

Je me suis rarement perdu de vue ; je me suis beaucoup aimé ;
je me suis beaucoup détesté. Enfin, nous avons vieilli ensemble.

PAUL VALÉRY

Mois

Janvier, mars, mai, juillet, août, octobre, décembre… Des mois qui se veulent élégants : ils se mettent sur leur trente et un.

TRISTAN BERNARD

Un couple se rhabille.
– Elle : Comme j'aimerais avoir 12 000 F de rente !
– Lui : Par mois ?
– Elle : Par toi ou par un autre !

Dessin d'ALBERT GUILLAUME

Mois (fin de)

Quand j'étais petit, à la maison, le plus dur, c'était les fins de mois… surtout les trente derniers jours.

COLUCHE

Monaco

Pour faire le blocus de Monaco,
il suffit de deux panneaux de sens interdit.

CHARLES DE GAULLE

Monarchie

J'ai appris mon métier comme les singes, en regardant mes parents.

CHARLES D'ANGLETERRE

Dans une monarchie bien réglée, les sujets sont comme des poissons dans un grand filet, ils se croient libres et pourtant ils sont pris.

CHARLES DE MONTESQUIEU

Monde

Le monde d'ici-bas et l'autre sont comme deux concubines :
on ne peut satisfaire l'une sans irriter l'autre.

Le Livre de la sagesse arabe

Ah ! camarade ! ce monde n'est, je vous l'assure,
qu'une immense entreprise à se foutre du monde !

Louis-Ferdinand Céline

Arrêtez le monde, j'ai envie de descendre !

Nancy Houston

Avant notre venue, rien ne manquait [au monde ;
Après notre départ, rien ne lui [manquera.

Omar Khayyam

Monde (gens du)

Quand on veut plaire dans le monde, il faut se résoudre à apprendre beaucoup de choses qu'on sait par des gens qui les ignorent.

Nicolas de Chamfort

Les gens du monde ont tellement l'habitude qu'on les recherche que, qui les fuit, leur semble un phénix et accapare leur attention.

Marcel Proust

Monde (tour du)

Bientôt, le tour du monde, le tour de la cage sera vite fait.
De nos jours, Hugo écrirait :
« L'enfant demandera : – Puis-je courir aux Indes ?
Et la mère répondra : Emporte ton goûter. »

PAUL MORAND

Monogamie

Le monothéisme est plus répandu que la monogamie parce qu'il est plus facile de se contenter *d'un* seul dieu que d'une seule femme.

R. GERVASO

Montre

Cette montre, j'y tiens beaucoup. Elle me vient de mon grand-père.
Il me l'a vendue sur son lit de mort.

WOODY ALLEN

Morale

La morale est mal disposée dans un pantalon.

Francis Picabia

La morale est une attitude que nous adoptons
vis-à-vis des gens que nous n'aimons pas.

Oscar Wilde

Moralité

La moralité n'est bien souvent qu'une affaire d'éclairage
et tu es le gardien de ton *propre phare*.

Marcel Jouhandeau

Morphine

La morphine a été inventée pour que les médecins
puissent dormir tranquilles.

Sacha Guitry

Mort

La mort est un moissonneur qui ne fait pas la sieste.

MIGUEL DE CERVANTÈS

La mort est une compétition où chacun espère arriver le dernier.

MAURICE CHAPELAN

L'homme accepte la mort mais non l'heure de sa mort.
Mourir n'importe quand, sauf quand il faut que l'on meure.

EMIL MICHEL CIORAN

La mort est une formalité désagréable,
mais tous les candidats sont reçus.

PAUL CLAUDEL

La mort n'est pas la dernière fin,
il nous reste encore à mourir chez les autres.

ALBERTO GUILLÉN

Il n'y a pas de belle mort. Il y en a qui sont belles à raconter. Mais celles-là, ce sont les morts des autres.

SACHA GUITRY

J'ai cette conviction profonde : les morts vivent tant qu'il y a des vivants pour penser à eux.

ÉMILE HENRIOT

Ou ma montre est arrêtée, ou cet homme est mort.

GROUCHO MARX
(prenant le pouls à un malade)

La mort, c'est tellement obligatoire que c'est presque une formalité.

MARCEL PAGNOL

La mort ? Pourvu que je vive jusque-là !

JEAN PAULHAN à Alexandre Vialatte
(rapporté par Raymond Castans)

C'est par sa mort parfois qu'un homme montre
qu'il était digne de vivre.

Francis Ponge

La mort est un bon pasteur car elle ne perd jamais rien
de son troupeau.

Alphonse Rabbe

La mort, ce serait le rêve si, de temps en temps,
on pouvait ouvrir un œil.

Jules Renard

Celui qui meurt cette année en est quitte pour l'an prochain.

William Shakespeare

La mort ne m'impressionne pas. J'ai moi-même, en effet,
l'intention bien arrêtée de mourir un jour.

George Bernard Shaw

La mort n'a généralement pas d'amis sincères.

Alexandre Vialatte

Tâchons d'entrer dans la mort les yeux ouverts.

Marguerite Yourcenar

Mot

Les mots savent de nous des choses que nous ignorons d'eux.

René Char

Les mots, ils ne leur manque que la parole.

Pierre Dumayet

Les mots qui font fortune appauvrissent la langue.

Sacha Guitry

Un mot n'est pas le même dans un écrivain et dans un autre. L'un se l'arrache du ventre. L'autre le tire de la poche de son pardessus.

Charles Péguy

Un mot si joli qu'on le voudrait avec des joues pour l'embrasser.

JULES RENARD

On dit d'un mot qu'il est profond quand il n'est pas spirituel.

JULES RENARD

Un bon mot vaut mieux qu'un mauvais livre.

JULES RENARD

Mes mots feront fortune : moi pas !

JULES RENARD

Les mots nous trompent, comme des filles.

ROMAIN ROLLAND

Mot (gros)

Les gros mots ont beaucoup maigri.

ALFRED CAPUS

Mouche

J'ai passé un accord avec les mouches. Elles ne s'occupent pas de faire des affaires ; et moi, je ne marche pas au plafond.

GROUCHO MARX

Mourant

Le mourant est dans la situation d'un homme qui sort de chez soi sans la clé et ne peut plus rentrer parce que la porte fermée ne s'ouvre que du dedans.

VLADIMIR JANKÉLÉVITCH

Mourir

Mourez, nous ferons le reste !
(*You just die, we do the rest.*)

Publicité d'une entreprise de pompes funèbres américaine

Ce n'est pas que j'aie peur de mourir,
mais j'aimerais autant ne pas être là quand ça arrivera.

WOODY ALLEN

Quiconque ne meurt pas jeune s'en repentira tôt ou tard.

EMIL MICHEL CIORAN

Mon rêve : mourir jeune à un âge très avancé.

HENRI JEANSON

On ne meurt qu'une fois et c'est pour si longtemps !

MOLIÈRE

Ce n'est pas de mourir qui m'emmerde, c'est de quitter la vie.

MARCEL PAGNOL, cité par YVAN AUDOUARD.

On devrait toujours se voir comme des gens qui vont mourir le lendemain. C'est le temps qu'on croit avoir devant soi qui vous tue.

ELSA TRIOLET

Moustique

Qu'est-ce que l'été pour moi ? Le bruit d'un moustique qui passe.

SACHA GUITRY

Mouton

M. Georges Terrant, cultivateur à Bletchey, passe ses nuits avec son mouton préféré. Il compte dessus pour s'endormir.

PIERRE DESPROGES

Moyens

Je vis tellement *au-dessus* de mes moyens que, pour ainsi dire, nous vivons à part.

SAKI

Mozart

Les pâtes alimentaires aujourd'hui se vantent sur le premier mouvement de la Symphonie n° 25 de Mozart. C'est le mouvement *allegro con brio*. Mozart s'excuse, il n'avait pas pensé à composer un *allegro al dente*.

Philippe Meyer

Bien qu'il fût natif de Salzbourg, lorsque Mozart est venu au monde, il est venu au monde entier.

Sacha Guitry

Muet

Que de gens resteraient muets, s'il leur était défendu de dire du bien d'eux-mêmes et du mal d'autrui.

Mme de Fontaines

Si les muets pouvaient parler, ils gueuleraient comme des sourds.

Raoul Ponchon

Munich

Nous avions à choisir entre le déshonneur et la guerre.
Nous avons choisi le déshonneur et nous avons eu la guerre.

WINSTON CHURCHILL

Mur

Souvenez-vous que les murs des villes ne se forment
que du débris des maisons des champs.

JEAN-JACQUES ROUSSEAU

Musique

En France, tout le monde adore la musique,
mais personne ne l'aime.

HECTOR BERLIOZ

La musique est l'âme de la géométrie.

PAUL CLAUDEL

La musique est ce qui nous permet de nous entretenir avec l'au-delà.

ROBERT SCHUMANN

La bonne musique ne se trompe pas, et va droit au fond de l'âme chercher le chagrin qui nous dévore.

STENDHAL

Musique militaire

Je méprise *profondément* celui qui aime marcher en rang derrière une musique ; ce ne peut être que *par erreur* qu'il a reçu un cerveau ; une moelle épinière lui suffirait amplement.

ALBERT EINSTEIN

Myope

J'ai connu un pépiniériste tellement myope qu'il s'était spécialisé dans la culture des cyprès.

LES FRÈRES ENNEMIS

Le cher homme était affreusement myope, et quel plaisir
voulez-vous prendre à tromper un mari qui ne voit jamais rien.

OSCAR WILDE

Mystère

Puisque ces mystères me dépassent,
feignons d'en être l'organisateur.

JEAN COCTEAU

Quand les mystères sont très malins, ils se cachent dans la lumière.

JEAN GIONO

Il y a *autant de mystère* dans la science que dans la foi.

FÉLICITÉ DE LAMENNAIS

Le mystère de l'homme, c'est que la femme puisse l'aimer.

HENRY DE MONTHERLANT

N

Nager

Dieu ne va jamais au secours que des gens qui savent nager.

ACHILLE CHAVÉE

Nain

À côté de Freud, je ne suis qu'un nain, mais si un nain grimpe sur les épaules d'un géant, il voit plus loin que lui.

VIKTOR FRANKL

Les nains aussi ont commencé petit.

WERNER HERZOG, cité par MARTIN MONESTIER

Naissance

À ma grande honte, je suis né dans un lit, avec une femme.

Wilson Mizner

Autrefois, je n'étais pas né, mais depuis, je me suis rattrapé.

Maurice Roche

S'il n'est pas permis de vivre très vieux,
qu'on nous laisse au moins naître plus tôt.

Pierre Dac

Napoléon

Quand on porta aux Invalides
Les cendres de Napoléon premier
On s'aperçut – c'est trop stupide –
Qu'il n'y avait pas de cendrier.

Tristan Bernard

Ils sont deux, le grand et le petit, l'illustre et l'infâme,
Napoléon et Nabot Léon.

Victor Hugo

« Napoléon, mon cul, réplique Zazie. Il m'intéresse pas du tout, cet enflé, avec son chapeau à la con. »

Raymond Queneau

... Plus vous prouverez que Napoléon n'était qu'un vulgaire imbécile et un snob mesquin, plus il devient inquiétant que ce petit officier corse subalterne *ait* dominé l'Europe pendant tant d'années.

George Bernard Shaw

Nation

Une nation ne se fait connaître de l'étranger que par ses mauvais côtés.

Gilbert Keith Chesterton

L'essence d'une nation est que tous les individus aient beaucoup de choses en commun, et que tous aient oublié bien des choses.

ERNEST RENAN

Nationalisme

Les nationalismes me font de plus en plus sourire : ma patrie est sous terre, là où toute ma famille a ses racines.

PHILIPPE BOUVARD

Nature

La nature a horreur *du gazon* anglais.

JACQUES A. BERTRAND

La nature a des perfections pour montrer qu'elle est l'image de Dieu et des défauts pour montrer qu'elle n'en est que l'image.

BLAISE PASCAL

Naturel

Rien n'empêche tant d'être naturel que l'envie de le paraître.

François de La Rochefoucauld

Le naturel aussi est une pose.

Oscar Wilde

Naturisme

J'ai écrit ce livre durant les longues heures où ma femme s'habillait pour sortir. Si elle avait été adepte du naturisme, ce livre n'existerait pas.

Groucho Marx

Néant

En arrivant dans le néant, il a dû se sentir chez lui !

Georges Clemenceau
(lorsqu'il apprit le suicide du général Boulanger).

Qu’est-ce que le néant ? L’avez-vous vu ? Pouvez-vous le décrire ?
Mais oui, il est commandeur de la Légion d’honneur
et on publie ses œuvres complètes.

Henry de Montherlant

Le néant, c’est l’univers sans moi.

André Suarès

Le néant est-il plus sensible le dimanche que les autres jours ?
Souhaitez-vous y passer vos vacances ?

Jean Tardieu

Nègre

Mon père a tellement de vanité qu’il est capable de monter
derrière sa voiture pour faire croire qu’il a un nègre.

Alexandre Dumas Fils

L’émotion est nègre, comme la raison, hellène.

Léopold Sédar Senghor

New York

Un mot célèbre dit : « Les Juifs possèdent New York,
les Irlandais l'administrent et les Nègres en jouissent. »

Paul Morand

Nez

Si le nez de Cléopâtre avait été moins long, sa face, à elle,
aurait été changé bien avant celle du monde.

Alphonse Allais

Ventre affamé n'a pas d'oreilles… mais il a un sacré nez.

Alphonse Allais

Elle avait un nez si grand que lorsqu'on l'embrassait sur les deux
joues, on avait plus vite fait de passer par derrière.

Tristan Bernard

Le nez est généralement l'organe
où s'étale le plus aisément la bêtise.

MARCEL PROUST

Noble

Les nobles sont des monnaies plus ou moins anciennes
dont le temps a fait des médailles.

ANTOINE DE RIVAROL

Noblesse

La coquetterie des grandes familles est de faire remonter leurs titres de noblesse *le plus loin* possible dans le passé. C'est à qui aura mis le plus de temps pour décliner.

Anonyme

Il n'y a pas de plus ancienne noblesse que les cultivateurs, les piocheurs et les fossoyeurs. C'était le métier d'Adam.

WILLIAM SHAKESPEARE

La noblesse, disent les nobles, est un intermédiaire entre le roi et le peuple. Oui, comme le chien de chasse est un intermédiaire entre le chasseur et les lièvres.

NICOLAS DE CHAMFORT

Noé

En avant arche !

… Et aucune bête ne fut oubliée dans l'arche de Noé, ni le cobra, ni la punaise, ni le cygne de Léda, ni le phylloxéra des vignes du Seigneur, et le *pou eut* le droit d'embarquer sa vermine personnelle.

JACQUES PRÉVERT

Nœud

Je fais un nœud à mon mouchoir pour me rappeler que j'existe.

ALEXANDRE ARNOUX

Noir

Dans la nuit noire, sur la pierre noire, une fourmi noire. Dieu la voit.

Proverbe arabe

Armstrong, je ne suis pas noir
Je suis blanc de peau
Quand on veut chanter l'espoir
Quel manque de pot.

Claude Nougaro

Nom

Quand on a commencé à se faire un nom,
il est trop tard pour se consacrer à la solitude.

Roland Dubillard

De bien des gens, il n'y a que le nom qui vaille quelque chose. Quand vous les voyez de fort près, c'est moins que rien ; de loin, ils imposent.

Jean de La Bruyère

La plupart ignorent ce qui n'a pas de nom ;
et la plupart croient à l'existence de tout ce qui a un nom.

PAUL VALÉRY

Non

La vente commence quand le client dit non.

Titre du livre d'ELMER LETERMAN.

Penser, c'est dire « non ».

ALAIN

Nostalgie

La nostalgie, c'est comme les coups de soleil :
ça fait pas mal pendant, ça fait mal le soir.

PIERRE DESPROGES

Notoriété

La notoriété, c'est lorsqu'on remarque votre présence.
La célébrité, c'est lorsqu'on note votre absence.

GEORGES WOLINSKI

Nourrir

Il faut nourrir le corps quand le cœur meurt de faim.

MME DE MAINTENON

Les écrivains ne se nourrissent pas de viande ou de poulet,
mais exclusivement d'éloges.

HENRY DE MONTHERLANT

Nourriture

– Qu'est-ce que vous lui donnez à votre langouste ?
– De la mayonnaise.

ANDRÉ BEUCLER

Si Dieu devait apparaître aux affamés,
il n'oserait leur apparaître que sous forme de nourriture.

MAHATMA GANDHI

Avant, j'avalais n'importe quoi,
maintenant je ne mange plus que de la nourriture.

GROUCHO MARX

Nous

Les seules personnes ayant le droit d'employer pour parler d'elles le pronom « nous », sont les présidents, les éditeurs et les personnes affligées d'un ver solitaire.

MARK TWAIN

Nouveau

Rien n'est nouveau sous le soleil, même quand il n'y a pas de soleil.

EUGÈNE IONESCO

Tout ce qui nous paraît nouveau est de l'Histoire qu'on ignore.

FRANKLIN DELANO ROOSEVELT

Nouveauté

Le grand public pense que les livres, comme les œufs, gagnent à être consommés frais. C'est pour cette raison qu'il choisit toujours la nouveauté.

WOLFGANG VON GOETHE

Nouvelle

Rien ne rehausse tant le prix d'une bonne nouvelle que la fausse alarme d'une mauvaise.

ANTOINE HAMILTON

Ce qu'il y a d'agréable dans les mauvaises nouvelles c'est que, neuf fois sur dix, elles sont fausses.

ANTOINE DE RIVAROL

Nu

La première fois que j'ai vu une femme nue,
j'ai cru qu'il s'agissait d'une erreur.

Woody Allen

Nuage

Nuages, nuages, où courez-vous ? On est si bien ici !

Jules Renard

Nudiste

Jamais un homme décoré ne sera un nudiste sincère.

Léonce Bourliaguet

À vendre pour cause de myopie :
villa donnant sur un camp de nudistes.

Coluche

Nuit

Il fait toujours nuit quand je dors.

PAUL ÉLUARD

La nuit est la muraille immense de la tombe.

VICTOR HUGO

La nuit n'est peut-être que la paupière du jour.

OMAR KHAYYAM

C'est la nuit qu'il est beau de croire à la lumière.

EDMOND ROSTAND

O

Obéir

Mon penchant naturel, c'est d'obéir. Seulement je n'ai jamais trouvé un patron avec qui ça me soit possible. Pour que j'obéisse, il faut que mon avis soit le même que celui du patron.

TRISTAN BERNARD

Obéissance

L'obéissance à la loi qu'on s'est prescrite est liberté.

JEAN-JACQUES ROUSSEAU

Obèse

Quand je fais le tour de moi-même, je rentre de plus en plus tard.

PHILIPPE BOUVARD

Objectivité

L'objectivité, c'est cinq minutes pour Hitler,
cinq minutes pour les Juifs.

JEAN-LUC GODARD

Obscène

On peut trouver des choses obscènes dans tous les livres,
sauf dans l'annuaire du téléphone.

GEORGE BERNARD SHAW

Obscur

Les hommes sont ainsi faits qu'ils croient plus volontiers
ce qui leur semble obscur.

Obsèques

Elles étaient formidables les obsèques de Mitterrand.
Quel dommage qu'on n'ait pas fait aussi bien pour Giscard !

ANDRÉ SANTINI
(député-maire d'Issy-les-Moulineaux).

Obus

Les obus et les décorations tombent au hasard
sur le juste et l'injuste.

ANDRÉ MAUROIS

Occasion

On appelle voiture d'occasion un véhicule
dont toutes les pièces font du bruit, excepté le klaxon.

SACHA GUITRY

Les femmes pardonnent parfois à celui qui brusque l'occasion, mais jamais à celui qui la manque.

TALLEYRAND

Océan

Vieil Océan, tu es un immense bleu appliqué sur le corps de la Terre.

LAUTRÉAMONT

Octogénaire

Quatre-vingts ans ! C'est l'âge de la puberté académique.

PAUL CLAUDEL

Odeur

Nous vivons avec nos défauts comme avec les odeurs que nous portons : nous ne les sentons plus ; elles n'incommodent que les autres.

MARQUISE DE LAMBERT

Œil

Les gens qui sont myopes d'un œil, presbytes de l'autre et qui louchent par surcroît, sont impardonnables de ne pas voir ce qui se passe autour d'eux.

PIERRE DAC

Œuf

Le passé est un œuf cassé, l'avenir est un œuf couvé.

PAUL ÉLUARD

L'amour est un œuf frais
Le mariage est un œuf dur
et le divorce un œuf brouillé.

PÈRE D'OLIBAN

Oie

L'oie : ce que nous avons de mieux en fait d'autruche.

JULES RENARD

Oignon

Un oignon suffit à faire pleurer les gens,
mais on n'a pas encore inventé le légume qui les ferait rire.

Will Rogers

Oiseau

Si j'étais oiseau, je ne coucherais que dans les nuages.

Jules Renard

L'oiseau, c'est une idée dans l'air.

Jean Rollin

Oisiveté

L'oisiveté est la mère de tous les vices,
mais de toutes les vertus aussi.

Alain

Olympique

C'est à Héraclès qu'appartient la gloire d'avoir institué les Jeux et de leur avoir donné le nom d'Olympiques. Il décida qu'ils auraient lieu tous les cinq ans, parce que ses frères et lui étaient cinq.

PAUSANIAS

Ombre

J'ai tout donné au soleil, tout, sauf mon ombre.

GUILLAUME APOLLINAIRE

Pendant la canicule, nombre de personnes s'écrient : « C'est effrayant, il y a trente-cinq degrés à l'ombre ! » Mais, qui les oblige à rester à l'ombre ?

PIERRE DAC

La femme est une ombre :
Si vous la poursuivez, elle vous fuit ; si vous la fuyez, elle vous suit.

ZOHEIR

Opéra

L'amour est comme l'opéra : on s'ennuie, mais on y retourne.

Gustave Flaubert

Je ne comprends pas qu'on laisse entrer les spectateurs des six premiers rangs avec des instruments de musique. Au vestiaire les violons, clarinettes et autres bassons !

Alfred Jarry

À l'Opéra, la Française ouvre les yeux, l'Allemande ouvre les oreilles, l'Italienne ouvre son cœur, l'Anglaise ouvre la bouche ; car la Française *va entendre* de la musique pour ses épaules, l'Allemande pour son plaisir, l'Italienne pour son amant, l'Anglaise pour son argent.

J. Noriac cité par Pierre Germa.

Comme l'opéra serait merveilleux s'il n'y avait pas les chanteurs !

Gioacchino Rossini

Operation

La première opération [de l'histoire de la médecine], pratiquée sur Adam, fut une incision intercostale. Une complication postopératoire se manifesta sous la forme d'une ravissante jeune femme.

L. M. Tard

Opinion

Je veux bien changer d'opinion. Mais, avec qui ?

Tristan Bernard

C'est mon opinion et je la partage.

Henri Monnier

Toutes les opinions sont respectables. Bon, c'est vous qui le dites. Moi, je dis le contraire. C'est mon opinion : respectez-la donc.

Jacques Prévert

Opinion publique

L'opinion publique, chassez-la, cette intruse,
cette prostituée qui tire le juge par la manche.

Me Vincent de Moro-Giafferi

L'opinion publique n'existe que là où il n'y a pas d'idées.

Oscar Wilde

Opposition

L'opposition, c'est la vie.

Honoré de Balzac

L'opposition avait touché le fond de la piscine…
maintenant, elle creuse !

André Santini, juillet 1998.

Oppression

Une même loi pour le lion et pour le bœuf, c'est l'oppression.

William Blake

Opprimé

Les opprimés en révolte n'ont jamais réussi
à fonder une société non oppressive.

Simone Weil

Optimisme

L'heure est à l'optimisme. Gardons le pessimisme
pour des jours meilleurs.

Graffito cité par le chanteur Philippe Lafontaine

Optimiste

Un optimiste est quelqu'un qui commence
à faire ses mots croisés au stylo à bille.

Anonyme

Les optimistes et les pessimistes ont un grand défaut
qui leur est commun : ils ont peur de la vérité.

TRISTAN BERNARD

L'optimiste est un homme qui s'abrite sous une fourchette
le jour où il va pleuvoir des petits pois.

PIERRE CAMI

Un optimiste est celui qui achète à un Juif
et veut vendre à un Écossais.

HENRY LOUIS MENCKEN

L'optimiste *pense qu'une nuit* est entourée de deux jours,
le pessimiste pense qu'un jour est entouré de deux nuits.

FRANCIS PICABIA

Or

L'or, même à la laideur, donne un teint de beauté.
Mais tout devient affreux avec la pauvreté.

NICOLAS BOILEAU

L'âge d'or était l'âge où l'or ne régnait pas…

CLAUDE FRANÇOIS DE LEZAY-MARNESIA

Oraison

L'Oraison funèbre est la prière avant que les asticots se mettent à table.

JEAN-PAUL

Orateur

Un orateur : un monsieur qui dit des choses vagues avec la dernière violence.

MAURICE DONNAY

Ce qui manque aux orateurs en profondeur, ils vous le donnent en longueur.

CHARLES DE MONTESQUIEU

Ordinateur

– Vous croyez que les ordinateurs ont un avenir ?
– Seulement s'ils s'aiment l'un l'autre.

Groucho Marx

Les ordinateurs sont inutiles : ils ne donnent que les réponses.

Pablo Picasso

Ordre

L'ordre conduit à toutes les vertus !
Mais qu'est-ce *donc qui conduit* à l'ordre ?

Georg Christoph Lichtenberg

Oreille

Les murs ont des oreilles, vos oreilles ont des murs.

Slogan, mai 1968.

La nature a doté l'homme d'une langue et de deux oreilles
pour qu'il écoute deux fois plus qu'il ne parle.

ÉPICTÈTE

Orgasme

La seule fois où Rifkin et sa femme avaient connu un orgasme simultané, c'est au moment où le juge leur avait remis l'acte de divorce… Il ne faut pas trop attendre de la vie !

WOODY ALLEN

Orgueil

L'orgueil d'un Espagnol le portera à ne pas travailler ; la vanité d'un Français le portera à savoir travailler mieux que les autres.

CHARLES DE MONTESQUIEU

Depuis trente-cinq ans, je crève d'orgueil,
c'est ma façon de mourir de honte.

JEAN-PAUL SARTRE

Orgueilleux

Il est si orgueilleux qu'il se suiciderait pour se rendre intéressant.

JULES RENARD

Orient

Par le thé, l'Orient pénètre dans les salons bourgeois ;
par le café, il pénètre dans les cerveaux.

PAUL MORAND

Orphelin

Pour faire un mot drôle, je tuerais père et mère.
Heureusement que je suis orphelin.

MARCEL ACHARD

Perdre l'un de ses parents peut être regardé comme un malheur.
Perdre les deux ressemble à de la négligence.

OSCAR WILDE

Orthographe

Pourquoi écrivez-vous : « M. Barthou perdit son sang-froid »
et « Don Quichotte perdit son Sancho » ?

Alphonse Allais

Je mettrais l'orthographe même sous la main du bourreau.

Théophile Gautier, rapporté par Baudelaire

L'orthographe est plus qu'une mauvaise habitude, c'est une vanité.

Raymond Queneau

Oubli

La richesse de la vie est faite de souvenirs oubliés.

Cesare Pavese

L'oubli est le vrai linceul des morts.

George Sand

Oublier

Pour arriver à ce résultat d'être oublié huit jours après sa mort,
il s'est levé toute sa vie à cinq heures du matin.

Édouard Drumont, à propos d'Émile de Girardin, cité par Olivier Millet.

La vie serait impossible si l'on se souvenait.
Le tout est de choisir ce que l'on doit oublier.

Roger Martin du Gard

Oui

La réponse est « oui ». Mais quelle était la question ?

Woody Allen

Pour une réponse affirmative, il n'existe qu'un seul mot : « oui ».
Tous les autres mots ont été inventés pour dire « non ».

Tristan Bernard

Je me flatte d'avoir toujours le dernier mot dans mon ménage…
et ce mot est généralement « oui ».

JULES RENARD

Outrage

Ne dites pas à une femme que vous allez lui faire subir les derniers outrages. Laissez-lui quelque espoir en l'avenir.

Anonyme

Ouvre-boîte

Comment diable aurais-je pu connaître l'existence des nazis ?
Je ne sais même pas comment marche un ouvre-boîte ?

WOODY ALLEN

Overdose

J'ai une overdose de moi.

WOODY ALLEN

P

Païen

Les païens arrivent au Ciel en passagers clandestins,
à l'insu des théologiens postés aux frontières.

Jean-Paul

Pain

Celui qui jette son pain en riant le ramasse plus tard en pleurant.

Proverbe québecois

J'aime la réalité : elle a un goût de pain.

Jean Anouilh

Paix

Si les princes savaient parler, et les femmes se taire,
Les courtisans dire ce qu'ils pensent
Et les domestiques le cacher,
Tout l'univers serait en paix.

Proverbe chinois

Il y a des menaces de paix, mais nous ne sommes pas prêts.

Tristan Bernard

Le processus de paix ressemble à une nuit de noces dans un champ de mines.

Shimon Peres

Palais

Les palais des grands regorgent de femmes et, les habitations des pauvres, d'enfants.

Proverbe chinois

Pamphlet

Le pamphlet est l'arme de ceux qui ont découvert l'erreur ;
pas encore la vérité.

GILBERT CESBRON

Panacée

Remède universel.
Demi-panacée : remède composé de bière et de limonade.

RAOUL LAMBERT

Pantalon

C'était un chanteur israélien : tellement il avait le pantalon moulé que non seulement on lui voyait le sexe, mais on lui voyait la religion.

COLUCHE

À mon pantalon marqué au genou, on voit que, chaque soir,
je regarde sous mon lit.

JULES RENARD

Pape

Jean-Paul II est un des rares Polonais
à avoir trouvé du travail en Italie.

JOSÉ ARTUR

La *papamobile*, c'est « l'immatriculée conception » :
un pape au-dessus, seize soupapes au-dessous.

COLUCHE

Le pape est une idole à qui on lie les mains
et dont on baise les pieds.

VOLTAIRE, *Le Sottisier*

Papier

La presse a succédé au catéchisme
dans le gouvernement du monde. Après le Pape, le papier.

VICTOR HUGO

J'espère que le papier que j'utilise pour écrire vaudra
au moins l'arbre qui l'a produit.

MARIO RIGONI STERN

Paradis

Le paradis de la terre se trouve sur le dos des chevaux,
*dans la l*ecture des livres et entre les seins des femmes.

Le Livre de la sagesse arabe

Le paradis, c'est le souvenir des gens vivants.

Cité par JANE BIRKIN
(entendu lors du service juif *in memoriam* du père de Serge Gainsbourg).

Quand l'homme essaie d'imaginer le paradis sur terre,
ça fait tout de suite un enfer très convenable.

PAUL CLAUDEL

Au Paradis on est assis à la droite de Dieu : c'est normal, c'est la place du mort. Et il vaut mieux être assis à la droite de Dieu qu'à la gauche d'Ella Fitzgerald, car Dieu ne prend pas toute la place sur le banc.

PIERRE DESPROGES

Pour moi, le plus grand supplice serait d'être seul en paradis.

WOLFGANG VON GOETHE

Paradoxe

Il faut éviter le paradoxe, comme une fille publique
qu'il est, avec laquelle on couche à l'occasion, pour rire,
mais qu'un fou, seul, épouserait.

GEORGES COURTELINE

Le paradoxe, c'est le nom que les imbéciles donnent à la vérité.

Paul Valéry

Parapluie

Un parapluie ouvert est un beau ciel fermé.

Xavier Forneret

Les parapluies sont des veufs qui portent
le deuil des ombrelles disparues.

Ramón Gómez de La Serna

Paratonnerre

Si Benjamin Franklin avait été parachutiste,
il n'aurait jamais songé à inventer le paratonnerre.

Pierre Dac

Pardonner

Lorsque les femmes nous aiment, elles nous pardonnent tout, même nos crimes. Quand elles ne nous aiment pas, elles ne nous pardonnent rien. Pas même nos vertus.

Honoré de Balzac

Oui, il faut pardonner à ses ennemis…
mais pas avant qu'ils soient pendus.

Heinrich Heine

Je pardonne toujours les injures, mais je n'oublie jamais les dates.

François Mauriac

À la jeunesse, qui ne se pardonne rien, on pardonne tout.
Au grand âge, qui se pardonne tout, on ne pardonne rien.

George Bernard Shaw

Parent

J'ai toujours eu de bons rapports avec mes parents. Ils ne m'ont frappé qu'une fois : ils ont commencé le 23 décembre 1942 et se sont arrêtés fin 1944.

WOODY ALLEN

Paresse

Je me surmène de paresse.

JULES RENARD

Paresse : habitude prise de se reposer avant la fatigue.

JULES RENARD

Paresseux

Il est tellement paresseux qu'il a épousé une femme enceinte.

Plaisanterie italienne

Paris

Paris, point le plus éloigné du Paradis, n'en demeure pas moins
le seul endroit où il fasse bon désespérer.

EMIL MICHEL CIORAN

Ne pouvoir se passer de Paris, marque de bêtise ;
ne plus l'aimer, signe de décadence.

GUSTAVE FLAUBERT

L'air de Paris est si mauvais que je le fais toujours bouillir
avant de respirer.

ERIK SATIE

Parisien

Le vrai Parisien n'aime pas Paris, mais il ne peut vivre ailleurs.

ALPHONSE KARR

Parler

On peut parler à quelqu'un, dans le train,
mais il est plus correct de lui parler dans l'oreille.

JOSÉ ARTUR

Parlez, parlez, prosateurs : il en restera toujours quelque chose.
Parlez, parlez, poètes : il en restera toujours quelque chose d'autre.

ALAIN BOSQUET

Parler est un besoin, écouter est un art.

WOLFGANG VON GOETHE

Celui qui sait ne parle pas. Celui qui parle ne sait pas.

LAO-TSEU

Parle afin que je te voie.

GEORG CHRISTOPH LICHTENBERG

Parole

Toujours tenir sa parole même si on l'a donnée à un chien.

Précepte des Samouraïs

Parfois, ceux qui prennent la parole la gardent terriblement longtemps ; des générations, muettes encore, cependant s'impatientent en silence.

André Gide

La parole est moitié à celui qui parle, moitié à celui qui écoute.

Michel de Montaigne

Le meilleur moyen de tenir sa parole est de ne jamais la donner.

Napoléon Ier

Partage

Une joie partagée est une double joie.
Un chagrin partagé est un demi-chagrin.

Jacques Deval

Il ne faut pas oublier que, tandis que le partage de la joie en accroît l'étendue sur cette terre, le partage de la douleur n'en diminue pas la somme.

Oscar Wilde

Parti

Celui qui quitte votre parti pour aller dans un autre est un traître. Celui qui vient d'un autre parti pour rejoindre le vôtre est un converti.

Georges Clemenceau

Partir

Il y a trois sortes de créatures qui, lorsqu'elles semblent venir s'en vont, Et quand elles semblent partir, s'en viennent : les diplomates, les femmes et les crabes.

John Milton Hay cité par Pierre Germa

Partition

– Comment fait-on pour empêcher un pianiste classique de jouer ?
– On lui retire la partition.
– Comment fait-on pour empêcher un guitariste rock de jouer ?
– On lui met une partition sous les yeux.

Anonyme

Pas

Le premier pas que tu fais lorsque tu pars pour le tour du monde ressemble au pas que tu fais pour aller chercher de l'eau au puits.

Proverbe chinois

Passage clouté

Le passage clouté est le haut lieu de la tendresse municipale.

France Quéré

Passion

Il y a du supplice dans la passion, et le mot l'indique.

ALAIN

Hier soir, je dis à ma femme :
– Ruth, crois-tu que la passion et le sexe, ce soit fini entre nous ?
Elle me répond :
– On discutera de ça après la pub.

MILTON BERLE

Un peu de passion augmente l'esprit, beaucoup l'éteint.

STENDHAL

Patience

Patience ! avec du temps, l'herbe devient du lait.

Proverbe

Rien ne fait autant honneur à une femme que sa patience, et rien ne lui fait si peu honneur que la patience de son mari.

Joseph Joubert

Patrie

La patrie, c'est toutes les promenades qu'on peut faire à pied autour de son village.

Jules Renard

Patriotisme

Pourquoi aimerait-on d'un amour particulier le pays où l'on paye ses impôts ?

Bertolt Brecht

Le patriotisme, c'est aimer son pays. Le nationalisme, c'est détester celui des autres.

Charles de Gaulle

Patron

Le patron n'est autre que le personnage qui est en retard quand vous êtes en avance et qui arrive avant vous si vous êtes en retard.

Charles Fourier

Pauvre

N'est pas pauvre qui a peu mais qui désire beaucoup.

Proverbe

Les pauvres ont la glace en hiver et les riches en été.

Tract anarchiste

Presque tous les désirs du pauvre sont punis de prison.

Louis-Ferdinand Céline

Les pauvres sont indispensables à la société,
à condition qu'ils le restent.

Coluche

Un jour, Dieu a dit : « Je partage en deux :
les riches auront de la nourriture, les pauvres auront de l'appétit. »

COLUCHE

Ce sont toujours ceux qui auraient le plus besoin d'argent
qui en ont le moins.

HENRI MONNIER

Les mécontents, ce sont des pauvres qui réfléchissent.

TALLEYRAND

Il y a une classe de la société qui pense encore plus à l'argent
que les riches, ce sont les pauvres.

OSCAR WILDE

Pavé

Être progressiste consiste à lancer des pavés.
Être anarchiste consiste à les envoyer le plus loin possible.

Une affiche de mai 1968

Péché

Les gens sérieux et considérés se refusent à croire qu'ils partagent avec la canaille l'usage des sept péchés capitaux.

Georges Bernanos

Le christianisme a beaucoup fait pour l'amour en en faisant un péché.

Anatole France

Les péchés que vous faites deux à deux,
vous devez les payer un à un.

Rudyard Kipling

Pédale

Moins je pédale plus fort, plus j'avance moins vite ou,
plus je pédale moins fort, moins j'avance plus vite.

Dans *Histoire d'eau*,
court métrage de François Truffaut et Jean-Luc Godard.

Peine de mort

Je suis pour la peine de mort avec sursis.

Pierre Dac

Peinture

Peinture : Art de protéger les surfaces plates
contre les intempéries et de les exposer à la critique.

Ambrose Bierce

La peinture n'est pas bien difficile quand on ne sait pas.
Mais quand on sait, oh ! alors… c'est autre chose !

Edgar Degas

La peinture est une poésie qui se voit.

Léonard de Vinci

Pendu

La peur de tomber, voilà ce qui fait grimacer le pendu.

Anonyme

Le torticolis du pendu est incurable.

RAMÓN GÓMEZ DE LA SERNA

Pendule

– Qu'est-ce qu'il est impossible de voler
dans un bureau de l'Administration ?
Réponse : une pendule, parce que tous les fonctionnaires
ont l'œil fixé dessus.

Anonyme

Pénétration

La dernière fois que j'ai pénétré une femme,
c'était en visitant la statue de la Liberté.

WOODY ALLEN

Pensée

Le monde est une pensée qui ne se pense pas,
suspendu à une pensée qui se pense.

Jules Lachelier

Gardons-nous de suivre la pensée d'un auteur…
D'ailleurs, qu'en sait-il de sa pensée ?

Henri Michaux

La pensée n'est qu'un éclair au milieu de la nuit.
Mais c'est cet éclair qui est tout.

Henri Poincaré

Écrire des pensées, c'est relever chaque jour,
comme un épicier d'ordre, les petites recettes de son esprit.

Jules Renard

La pensée qu'on avait écartée et qui revient,
il faut y prendre garde : elle veut vivre.

Jean Rostand

Laissez-moi sur la branche et gardez vos paroles
Je crains votre pensée comme un coup de fusil

JULES SUPERVIELLE

Penser

Quand on sait ce qu'on sait, quand on voit ce qu'on voit,
on a raison de penser ce qu'on pense.

Proverbe suisse

S'il est impossible de ne pas penser à quelque chose,
il reste encore possible de penser à autre chose.

LEWIS CARROLL

Je dois ma célébrité au fait que je pense
une ou deux fois par semaine.

GEORGE BERNARD SHAW

Penseur

L'homme que je déteste le plus au monde est Auguste Rodin, parce qu'il est l'auteur d'une sculpture abominable qui représente un penseur, la tête appuyée dans les mains. En cette position on ne peut rien créer, on peut tout juste déféquer.

SALVADOR DALÍ

Perdu

La plus perdue de toutes les journées pour un dentiste est celle où il n'a pas de carie à se mettre sous la dent.

HIPPOLYTE DOMONT

Perfection

Sous prétexte que la perfection n'est pas de ce monde, ne gardez pas soigneusement tous vos défauts.

JULES RENARD

Perruque

La royauté est une divinité humaine. Or, Dieu ne se prête pas à l'usurpation de la divinité par l'homme et il rappelle au vrai, par certaines restrictions ironiques, les fausses majestés terrestres. Il corrige la perruque de Louis XIV par une fistule à l'anus.

VICTOR HUGO

Personnalité

La personnalité est la garde-robe du moi.

LOUIS SCUTÉNAIRE

Pessimisme

Je me sens très optimiste quant à l'avenir du pessimisme.

JEAN ROSTAND

Mon pessimisme va à un point tel qu'il suspecte
la sincérité des autres pessimistes.

JEAN ROSTAND

Pessimiste

Un pessimiste c'est un type qui a vécu trop longtemps
avec des optimistes.

ROBERT BEAUVAIS

Il n'y a rien de plus triste à voir qu'un jeune pessimiste,
si ce n'est un vieil optimiste.

MARK TWAIN

Pet

Savez-vous pourquoi les pets sentent mauvais ?
C'est pour que les sourds puissent en profiter.

Anonyme

Pétanque

La preuve que Dieu est l'ami des joueurs de boules, c'est que les feuilles de platane sont proportionnées à la force du soleil.

Marcel Pagnol

Petit

Je plains les gens petits : ils sont les derniers à savoir qu'il pleut.

Peter Ustinov

Petites annonces

Vends usine et stocks de chaussettes trouées. *Reprise* justifiée.

Pierre Dac

On cherche deux hommes de paille, un grand et un petit, pour tirage au sort.

Pierre Dac

Musicien échangerait pull-over usagé,
mais en parfait état contre boléro de Ravel.

Pierre Dac

Peuple

Puisque le peuple vote contre le gouvernement,
il faut dissoudre le peuple.

Bertolt Brecht

Le peuple se promène au cimetière et fait des visites à l'hôpital.

Edmond et Jules de Goncourt

Je veux bien mourir pour le peuple, mais je ne veux pas vivre avec.

François Mauriac

Peur

Plus contagieuse que la peste la peur
se communique en un clin d'œil.

Nicolas Gogol

Philosophe

Le philosophe est l'homme à jeun dans l'ébriété universelle.

HENRI FRÉDÉRIC AMIEL

Si j'avais une province à punir,
je la ferais gouverner par des philosophes.

FRÉDÉRIC II DE PRUSSE

Philosopher

Il faut souhaiter que philosopher soit la manière la plus naturelle
de parler de l'homme aux hommes.

SØREN KIERKEGAARD

Philosophie

La philosophie a cela d'utile qu'elle sert
à nous consoler de son inutilité.

LOUIS AUGUSTE COMMERSON

La philosophie est comme la Russie : pleine de marécages, et souvent envahie par les Allemands.

Roger Nimier

Se moquer de la philosophie, c'est vraiment philosopher.

Blaise Pascal

Photographie

Sentant venir la mort, le photographe a dit entre ses dents :
– Attention… ne bougeons plus !

Sacha Guitry

Piano

C'est, non d'un impôt, mais de deux, qu'on devrait frapper les pianos : le premier au profit de l'État, le second au profit des voisins.

Georges Courteline

Picasso

En 1937, l'ambassadeur nazi, Otto Abetz,
s'arrêtant devant le tableau *Guernica*, demande à Picasso :
– C'est vous qui avez fait ça ?
– Non, c'est vous ! répondit Picasso.

Votre Picasso a ensorcelé l'Amérique, pays des femmes,
et il peint les femmes avec une bouche à la place de l'oreille.
– Ça prouve qu'il les connaît bien !

JEAN COCTEAU

Picasso est peintre : moi aussi
Picasso a du génie : moi aussi
Picasso est communiste : moi non plus.

SALVADOR DALÍ

J'ai mis toute ma vie à savoir dessiner comme un enfant.

PABLO PICASSO

Pied

Ceux qui vivent sur un grand pied ont toutes les raisons du monde de se marier en grande pompe.

PIERRE DAC

Les fabricants de chaussures en Angleterre ont droit à toute notre admiration quand on sait que le pied anglais fait douze pouces.

LES FRÈRES ENNEMIS

Mettre les pieds dans le plat quand on pense ;
les retirer quand on écrit.

JEAN ROSTAND

Piédestal

Il faut collectionner les pierres qu'on vous jette.
C'est le début d'un piédestal.

HECTOR BERLIOZ

Pied-noir

La culture pied-noir ? Un grand vide parfumé à l'anisette.

ALBERT CAMUS

Pigeon

Deux pigeons s'aimaient d'amour tendre.
Moralité :
L'un d'eux s'ennuyait au logis.

TRISTAN BERNARD, d'après deux vers de LA FONTAINE.

Pilon

Le pilon dans le poulet, c'est bon ; dans l'ancien combattant, c'est émouvant ; dans l'édition, c'est déprimant.

JOSÉ ARTUR

Pipe

Fumer la pipe dispense de penser.

ARTHUR SCHOPENHAUER

Pire

L'homme est capable du meilleur comme du pire,
mais c'est vraiment dans le pire qu'il est le meilleur.

GRÉGOIRE LACROIX

Pisser

Ésope, ce grand homme, vit son maître qui pissait en se promenant :
« Quoi donc ? fit-il, nous faudra-t-il chier en courant ? »

MICHEL DE MONTAIGNE

Pitié

Les gens ont pitié des autres dans la mesure où ils auraient pitié d'eux-mêmes. Le malheur ou la laideur sont des miroirs qu'ils ne supportent pas.

JEAN GIRAUDOUX

La pitié, c'est l'éboueur de la misère.

GEORGE BERNARD SHAW

Plagiaire

Le plagiaire a un mérite : il conserve.

BENJAMIN DISRAELI

Plagiat

Il faut prendre à César tout ce qui ne lui appartient pas.

PAUL ÉLUARD

Copier sur un seul, c'est du plagiat. Copier sur deux,
c'est de la recherche.

Wilson Mizner

Plaire

Si vous voulez plaire aux femmes,
dites-leur ce que vous ne voudriez pas qu'on dît à la vôtre.

Jules Renard

Ce qui me plaît me plaît moins que ce qui me déplaît ne me déplaît.

Jules Renard

Le moyen de plaire en société est de laisser chacun parler de soi.

Arthur Schopenhauer

Si vous voulez plaire infiniment aujourd'hui,
il faut vous résoudre à être ridicule dans vingt ans.

Stendhal

Plaisir

Il n'y a point de plaisir qui ne perde à être connu.

MARIVAUX

Chacun trouve son plaisir où il le prend.

JULES RENARD

Plébiscite

Vote populaire pour entériner la volonté du souverain.

AMBROSE BIERCE

Le moment où le petit enfant prend conscience du *pouvoir de ses pleurs* n'est pas différent de celui où il en fait un moyen de pression et de gouvernement.

PAUL VALÉRY

Pleurer

J'ai pleuré le premier jour de ma vie et, depuis,
tous les jours m'ont montré pourquoi.

Proverbe espagnol, cité par Jean Paulhan

Ils n'ont pas pleuré à sa mort, l'ayant fait de son vivant.

Jean-Paul

On ne peut pas pleurer et penser,
car chaque pensée absorbe une larme.

Jules Renard

Pleuvoir

Il vaut mieux qu'il pleuve un jour comme aujourd'hui,
plutôt qu'un jour où il fait beau.

Pierre Dac

Pluie

Dans son infinie bonté, Dieu a donné la pluie aux Anglais
afin de leur fournir pour l'éternité un sujet de conversation.

ANTHONY CHESTER

Pluriel

Le pluriel d'un maréchal, c'est des maraîchers,
le pluriel d'un général, c'est des générés.

BORIS VIAN

Poème

La seule ambition de faire un poème suffit à le tuer.

HENRI MICHAUX

Il est plus facile d'écrire un mauvais poème
que d'en comprendre un bon.

MICHEL DE MONTAIGNE

Pour procurer une définition précise du poème, il faut peut-être convenir de dire simplement : le poème est l'exact opposé du nom sur le bout de la langue.

PASCAL QUIGNARD

Le poème – cette hésitation prolongée entre le son et le sens.

PAUL VALÉRY

Poésie

Tout homme bien portant peut se passer de manger pendant deux jours – de poésie, jamais.

CHARLES BAUDELAIRE

La poésie est le plus court chemin d'une sensibilité à une autre.

ANDRÉ BEUCLER

Je sais que la poésie est indispensable, mais je ne sais pas à quoi.

JEAN COCTEAU

La poésie éclaire comme un feu d'artifice, elle ne veut pas chasser la nuit mais, au contraire, en tirer parti.

JEAN-PAUL

On ne peut trouver de poésie nulle part quand on n'en porte pas en soi.

JOSEPH JOUBERT

La poésie, cette langue que personne ne parle et que tout le monde comprend.

ALFRED DE MUSSET

Toute la mauvaise poésie naît de sentiments sincères.

OSCAR WILDE

Poète

Il est aussi difficile à un poète de parler poésie qu'à une plante de parler horticulture.

JEAN COCTEAU

Si je suis poète par la grâce de Dieu, ou du Diable,
je le suis aussi par la grâce de la technique et de l'effort.

FEDERICO GARCÍA LORCA

Un poète est un monde enfermé dans un homme.

VICTOR HUGO

Point

Un point, c'est tout. Trois points, ce n'est pas tout.

PAUL CLAUDEL

Poisson

Si tu donnes un poisson à un homme, il se nourrira une fois ;
si tu lui apprends à pêcher, il se nourrira toute sa vie.

Cette citation – l'une des plus célèbres au monde – est de KVAN TZU.

Poitrine

Mesdames, si votre poitrine tombe, posez-la par terre.

FRANCIS BLANCHE

– Vous voulez savoir combien pèse ma poitrine ? Je ne vous le dirai pas. Mais sachez que cela me coûterait 87 $ et 50 cents pour l'expédier au Brésil en dernière catégorie.

BETTE MIDLER

À l'époque de Marguerite Gautier (la dame aux camélias) on mourait de la poitrine. À l'époque de Sophia Loren, on en vit.

ALBERT WILLEMETZ

Polémique

Les écrivains se ruent vers la polémique.
Penser contre a toujours été la façon la moins difficile de penser.

JACQUES DE BOURBON-BUSSET

Politesse

La politesse est l'art d'exalter les surfaces sans cesser d'arrondir les angles.

HERVÉ BAZIN

On ne perd rien à être poli ? Si, sa place dans le métro.

TRISTAN BERNARD

L'égoïsme inspire une telle horreur que nous avons inventé la politesse pour le cacher.

ARTHUR SCHOPENHAUER

Politicien

Un politicien est une personne dont la politique ne recueille pas votre suffrage. Si vous êtes d'accord avec lui, c'est un homme d'État.

DAVID LLOYD GEORGE

Politique

Le communisme est une technique, le socialisme une morale
et le fascisme une esthétique.

Léon Blum

La majorité a toujours tort. Parce qu'elle est composée d'imbéciles. La minorité aussi est composée d'imbéciles. Mais ils sont moins nombreux.

Léo Campion

En politique, on succède à des imbéciles
et on est remplacé par des incapables.

Georges Clemenceau

La première faute en politique, c'est d'y entrer.

Benjamin Franklin

La politique, c'est comme l'andouillette,
ça doit sentir un peu la merde, mais pas trop.

Édouard Herriot

En démocratie, la politique est l'art de faire croire au peuple
qu'il gouverne.

LOUIS LATZARUS

Vous avez beau ne pas vous occuper de politique,
la politique s'occupe de vous tout de même.

CHARLES DE MONTALEMBERT

Il n'est pas de problème, si compliqué soit-il,
que l'absence de solutions ne finisse par résoudre.

HENRI QUEUILLE

On compare généralement la politique à un échiquier.
On a tort : c'est un jeu de dames.

AURÉLIEN SCHOLL

La politique dans une œuvre littéraire,
c'est un coup de pistolet au milieu d'un concert.

STENDHAL

La politique, c'est comme la musique ou la prostitution :
il faut commencer jeune.

PIERRE-JEAN VAILLARD

La politique est l'art d'empêcher les gens de se mêler
de ce qui les regarde.

PAUL VALÉRY

Un homme politique est quelqu'un qui aborde chaque sujet
la bouche ouverte.

OSCAR WILDE

Pollué

Le temps n'est pas moins pollué que l'espace :
je viens de passer un sale quart d'heure.

ROLAND TOPOR

Polytechnique

L'École polytechnique est aux mathématiques ce qu'est
un dictionnaire de rimes à la poésie baudelairienne.

GASTON BACHELARD

Pomme

An apple a day keeps the doctor away.
(Une pomme par jour éloigne le docteur…)
Proverbe anglais que Winston Churchill complétait ainsi :
Pourvu que vous visiez juste !

Ponctualité

La ponctualité est l'art de savoir attendre les autres.

Anonyme

Popularité

La popularité, c'est comme le parfum. Un peu, c'est agréable.
Faut pas tomber dans le bocal, sinon ça devient une odeur.
On la trimbale partout.

COLUCHE

Porcelaine

La porcelaine cassée dure plus longtemps que la porcelaine intacte.

JULES RENARD

Pornographie

Nous vivons dans une société beaucoup trop permissive.
Jamais encore la pornographie ne s'était étalée
avec une telle impudeur.
Et, en plus, les clichés sont flous !

WOODY ALLEN

Porte

La porte la mieux fermée est celle qu'on peut laisser ouverte.

Proverbe chinois

Porto

On boit deux fois plus de vin de Porto en une année en Angleterre qu'il n'en est vendangé au Portugal.

Georg Christoph Lichtenberg, cité par J. P. Stern.

Portrait

Tout portrait qu'on peint avec âme est un portrait, non du modèle, mais de l'artiste.

Oscar Wilde

Posologie

N'oublie pas ce qu'a dit le médecin : cinq gouttes.
La posologie ça s'appelle. Et de la posologie au veuvage,
c'est une question de gouttes.

MICHEL AUDIARD

Possible

Tout est possible, même Dieu.

ERNEST RENAN

Postérité

La postérité ? Pourquoi les gens seraient-ils
moins bêtes demain qu'aujourd'hui ?

JULES RENARD

Pou

Le pou dit : « Je veux n'en faire qu'à ma tête. »

Jean Cayrol, cité par Dournon.

Les poux, c'est les puces du pauvre.

Jean Richepin

Pouce

L'homme qui établit le droit ressemble à celui (clown ou enfant) qui, ayant battu son camarade, lève le doigt et dit « pouce » quand celui-ci veut le battre à son tour.

Jean-Paul Sartre

Poule

Maintenant que ma poule est morte,
je n'ai plus qu'à fermer mon zoo.

Histoire belge

Il vaut mieux tenir le premier rang parmi les poules
que le dernier parmi les bœufs.

YOU-HO

Poulet

Lorsqu'un pauvre mange du poulet, c'est que l'un des deux est malade.

Proverbe juif

On s'en fout pas mal que le poulet soit élevé au bon air...
de toute façon, on mange pas les poumons.

JEAN-MARIE GOURIO

Pourcentage

La vie est une maladie incurable,
avec un taux de mortalité de cent pour cent.

JOHN LANCHESTER

Poussière

Le pape : « Poussière, tout n'est que poussière
et tout retournera en poussière.
– Tais-toi, dit le veilleur, tu parles comme un aspirateur. »

JACQUES PRÉVERT

L'homme n'est que poussière. C'est dire l'importance du plumeau.

ALEXANDRE VIALATTE

Pouvoir

Quand le peuple ne craint plus le pouvoir,
c'est qu'il espère déjà un autre pouvoir.

LAO-TSEU

Le pouvoir doit se définir par la possibilité d'en abuser.

ANDRÉ MALRAUX

Le pouvoir sans abus perd le charme.

Paul Valéry

Précoce

Si ce sont les meilleurs qui partent les premiers,
que faut-il penser des éjaculateurs précoces ?

Pierre Desproges

Mozart était si précoce qu'à cinq ans et demi
il composait déjà le *Boléro* de Ravel.

Pierre Desproges

Précurseur

Il n'y a pas de précurseurs, il n'y a que des retardataires.

Jean Cocteau

Ne soyez jamais un précurseur : c'est toujours au premier chrétien qu'échoit le plus gros lion.

SAKI

Préhistorien

La principale différence entre les sources du préhistorien et celles de l'historien, c'est que le premier détruit son document en le fouillant.

ANDRÉ LEROI-GOURHAN

Présent

Ce perpétuel mourir qu'on appelle, faute de mieux, le présent.

LOUIS ARAGON

La vraie générosité envers l'avenir consiste à tout donner au présent.

ALBERT CAMUS

Préservatif

Savez-vous pourquoi les Suisses enfilent trois préservatifs l'un sur l'autre ? C'est pour que celui du milieu soit propre.

Anonyme

Le cardinal Decourtray ne sait pas se servir du préservatif. La preuve, c'est qu'il l'a mis à l'index.

André Santini
(député-maire d'Issy-les-Moulineaux).

Président de la République

Il y a deux organes inutiles : la prostate et la présidence de la République.

Georges Clemenceau

La place est bonne, malheureusement il n'y a pas d'avancement.

Armand Fallières

Prêter

On ne prête qu'aux riches, et on a raison :
les pauvres remboursent difficilement.

Tristan Bernard

Prétexte

On se sert du prétexte de ce que l'on mendie pour ne pas donner à l'hôpital et de l'hôpital pour ne pas donner aux mendiants.

Jean Domat

Prêtre

Les prêtres vendent la peau de la Grande Ourse avant d'avoir le ciel.

Jules Renard

Prévenu

La Libération ? J'en ai été le premier prévenu.

Sacha Guitry

Prier

Travaillez comme si vous deviez vivre cent ans.
Priez comme si vous deviez mourir demain.

Benjamin Franklin

Prière

Mon Dieu, préservez-moi des douleurs physiques.
Je m'arrangerai des douleurs morales.

Tristan Bernard

Sainte Mère de Dieu, vous qui avez conçu sans pécher,
accordez-moi la grâce de pécher sans concevoir.

ANATOLE FRANCE
(prière attribuée également à AUGUSTINE BROHANT).

Une prière ne doit jamais être exaucée. Si elle l'est,
elle cesse d'être une prière et devient de la correspondance.

OSCAR WILDE

Principe

Archimède avait pour principe de rincer sa baignoire
après chaque bain.

JEAN-LOUIS FOURNIER

Tels sont mes principes. Si vous ne les aimez pas, j'en ai d'autres.

GROUCHO MARX

Prison

Celui qui ouvre une porte d'école, ferme une prison.

Victor Hugo

Prisonnier

« À quoi sert un terrain de golf ? À jouer au golf.
Un court de tennis ? À jouer au tennis. Eh bien !
un camp de prisonnier ça sert à s'évader… »

Jean Renoir et Charles Spaak

Problème

Il faut aider les enfants dans leurs problèmes,
surtout les « enfants à problèmes ».

Alain Schifres

Professeur

Un mauvais prof de maths, c'est un prof qui aime les maths.
Un bon prof de maths, c'est un prof qui aime les élèves.

PHILIPPE MEYER

Profil

Le meilleur moyen de faire tourner la tête à une femme, c'est de lui dire qu'elle a un joli profil.

SACHA GUITRY

Profond

Il faut cacher la profondeur. Où ça ? À la surface.

HUGO VON HOFMANNSTHAL

Ce qu'il y a de plus profond dans l'homme, c'est la peau.

PAUL VALÉRY

Progrès

On n'arrête pas le progrès, il s'arrête tout seul.

ALEXANDRE VIALATTE

Projet

Il ne faut jamais faire de projets, surtout en ce qui concerne l'avenir.

ALPHONSE ALLAIS

Promesse

Les promesses n'engagent que ceux qui les écoutent.

HENRI QUEUILLE

Prophète

Nul n'est prophète en son pays, mais qu'on veuille l'être
à l'étranger on se fait appeler métèque.

MATHIAS LÜBECK

Un prophète est un homme qui se souvient de l'avenir.

FRÉDÉRIC ROSSIF

J'ai appris que, pour être prophète, il suffisait d'être pessimiste.

ELSA TRIOLET

Propreté

Saint Augustin était d'avis que la propreté était une demi-vertu, mais j'ai toujours pensé qu'il se trompait de moitié.

JULIEN GREEN

Propriété

Quelle étrange chose que la propriété, dont les hommes sont si envieux ! Quand je n'avais rien à moi, j'avais les forêts et les prairies, et la mer et le ciel avec les étoiles ; depuis que j'ai acheté cette vieille maison et ce jardin, je n'ai plus que cette maison et ce jardin.

ALPHONSE KARR

Prose

La prose doit être un vers qui ne va pas à la ligne.

JULES RENARD

Prospérité

La prospérité porte avec elle une ivresse
à laquelle les hommes inférieurs ne résistent jamais.

HONORÉ DE BALZAC

Prouver

Prouver que *j'ai raison* serait accorder que je puis avoir tort.

BEAUMARCHAIS

Provence

Chez nous, la nuit ne tombe pas, elle se lève.

YVAN AUDOUARD

En Provence, le soleil se lève deux fois : le matin et après la sieste.

YVAN AUDOUARD

Le seul menteur du Midi, s'il y en a un, c'est le soleil.
Tout ce qu'il touche, il l'exagère.

ALPHONSE DAUDET

Proverbe

Les proverbes sont particulièrement utiles dans les cas où, de nous-mêmes, nous ne trouvons pas grand-chose pour nous justifier.

ALEXANDRE POUCHKINE

Proverbe (faux)

Qui vole un bœuf est vachement musclé.

CHAVAL

Pseudonyme

Tout homme de lettres devrait prendre un pseudonyme pour déshériter sa famille de son nom.

EDMOND et JULES DE GONCOURT

Psychanalyse

La psychanalyse est une confession sans absolution.

GILBERT KEITH CHESTERTON

Freud est le père de la psychanalyse. Elle n'a pas de mère.

GERMAINE GREER

La psychanalyse s'arrête quand le *patient* est ruiné.

ERNST JUNG

Le névrosé bâtit des châteaux en Espagne ;
le psychotique croit y habiter ; le psychanalyste ramasse les loyers.

VAN RILLAER

Psychiatre

J'ai connu un psychiatre qui était tombé amoureux d'une brebis.
Il lui faisait porter des bas noirs et une guêpière.

Woody Allen

La maman du petit Sigmund s'appelait-elle Anna-Lise ?

Jacques Pater

Public

Monsieur, votre pièce est nulle !
– Mais, monsieur, le public l'applaudit.
– Certes, *mais il* est bien le seul.

Dialogue rapporté par Jules Barbey d'Aurevilly.

Tout ce qui est public devrait être gratuit : l'école,
les transports et les filles.

Alphonse Allais

Le public est vraiment tolérant : il pardonne tout, sauf le génie.

Oscar Wilde

Publicité

Dieu lui-même croit à la publicité :
il a mis des cloches dans les églises.

Sacha Guitry

Pourquoi ne mettrait-on pas ces mots sur un corbillard : « Il est mort parce qu'il ne buvait pas de quinquina Dubonnet » ou encore : « Il ne portait pas de chaussures Raoul » ? Les gens superstitieux *permettraient* ainsi de faire fortune à bien des industries nationales.

Francis Picabia

Pucelage

La virginité est le plus riche trésor des filles, mais il est bien malaisé de garder longtemps un trésor dont tous les hommes possèdent la clé.

Maréchal de Bassompierre

Puceron

Ce n'est pas parce qu'il y a une rose sur le rosier que l'oiseau s'y pose : c'est parce qu'il y a des pucerons.

JULES RENARD

Pudeur

La pudeur des femmes tombe avec leur vêtement.

HÉRODOTE

La pudeur de la femme est un mur mitoyen. N'allez pas, imprudent, le dégrader vous-même, car il s'effritera, à la longue fera brèche, et les voisines entreront chez vous.

JULES RENARD

La pudeur des femmes n'est que leur politique ; tout ce qu'elles cachent ou déguisent n'est caché ou déguisé que pour en augmenter le prix quand elles le révèlent.

NICOLAS RESTIF DE LA BRETONNE

Purgatoire

Les gens bien doués sont condamnés d'avance à brûler plus longtemps que les autres dans le purgatoire, étant plus riches en phosphore.

Paul Masson

Puritain

Le puritain préfère le crime à l'amour, parce que, dans le crime, un seul a du plaisir.

Anonyme

Pyramide

La forme même des Pyramides est là pour nous prouver que, dans l'ancienne Égypte aussi, les ouvriers avaient déjà tendance à travailler de moins en moins.

Will Cuppy

Q-R

Q.I.

Andy Warhol est le seul génie qui ait un Q.I. de 60.

GORE VIDAL

Les qualités sont du domaine de tout le monde. Les vices seuls marquent la personnalité.

PAUL LÉAUTAUD

On n'aime (donc) jamais personne, mais seulement ses qualités.

BLAISE PASCAL

On se dégoûte de ses qualités,
surtout quand on les retrouve chez les autres.

JULES RENARD

Quarantaine

Énergique chez un homme ; épanouie chez une femme.
Pour ce qui est du quinquagénaire, il est robuste.
Le sexagénaire est alerte et le nonagénaire encore vif.
Le centenaire : toujours bon pied bon œil.

Alain Schifres

Quatre

À partir de quatre, on est une bande de cons.

Georges Brassens

Querelle

Les querelles ne dureraient pas longtemps,
si le tort n'était que d'un côté.

François de La Rochefoucauld

Un ménage est bien accordé où les deux époux
ressentent en même temps le besoin de la querelle.

JEAN ROSTAND

Question

Rien n'est plus simple que de poser une question difficile.

WYSTAN HUGH AUDEN

À l'éternelle triple question toujours demeurée sans réponse :
« Qui sommes-nous ? D'où venons-nous ? Où allons-nous ? »,
je réponds : « En ce qui me concerne personnellement, je suis moi,
je viens de chez moi et j'y retourne. »

PIERRE DAC

De Gaulle, lors d'une conférence de presse :
« Veuillez, messieurs les journalistes,
fournir vos questions à mes réponses.

Légende d'un dessin de JEAN EFFEL.

Les questions qui ne se donnent pas de réponse elles-mêmes
en naissant n'obtiennent jamais de réponse.

FRANZ KAFKA

Poser une question qui ne se pose pas est la plus sûre
façon de prouver qu'elle se pose.

FRANÇOIS MITTERRAND

Les questions ne sont jamais indiscrètes.
Ce sont parfois les réponses qui le sont.

OSCAR WILDE

Quinquagénaire

Quand j'étais jeune, on me disait :
« Vous verrez quand vous aurez cinquante ans ! »
J'ai cinquante ans... et je n'ai rien vu !

ERIK SATIE

Racisme

Au dire de Freud, un peu de différence mène au racisme.
Mais, beaucoup de différences en éloigne irrémédiablement.

Roland Barthes

Histoire raciste :
Je passe devant un flic avec un melon sous le bras. Il m'interpelle.
Il me dit : « Venez ici tous les deux ! »

Smaïn

Raciste

Le raciste est un homme qui s'est trompé de colère.

Slogan antiraciste

Quand un raciste commande un « Black and White »,
il exige deux verres séparés.

Roland Magdane

Radical (parti)

Association d'hommes généralement bien élevés qui, non sans succès, s'efforcent de n'être d'accord sur rien.

JACQUES FAUVET

Raison

Ce qui manque le moins au méchant pour faire ce qu'il fait, ce sont les raisons.

MACEDONIO FERNANDEZ

La raison c'est la folie du plus fort.
La raison du moins fort c'est de la folie.

EUGÈNE IONESCO

La raison humaine est une plaisante chose : dans votre bouche, comme dans celle de tout le monde, « il a tort » veut dire : « il ne pense pas comme moi ». « Il a raison » signifie : « il est de mon avis ».

ALPHONSE KARR

Deux excès : exclure la raison, n'admettre que la raison.

BLAISE PASCAL

La raison se compose de vérités qu'il faut dire
et de vérités qu'il faut taire.

ANTOINE DE RIVAROL

Raisonnement

« Si nous ne le faisons pas, d'autres le feront. » C'est avec ce type de raisonnement qu'on finit par coucher avec sa sœur !

GEORGES BESSE
(Ex P.-D.G. de *Renault*).

Rasoir

Qui sait raser le rasoir saura effacer la gomme.

HENRI MICHAUX

Rassemblement

Le premier qui arrive le dernier,
j'en prends un au hasard et je vous fous tous dedans.

L'adjudant de service

Réactionnaire

Un réactionnaire est un somnambule qui marche à reculons.

Franklin Delano Roosevelt

Réalité

Il ne faut *pas voir la réalité* telle que je suis.

Paul Éluard

Réception

Une réception est faite de gens que cela excède de recevoir des gens que cela excède de venir et qui n'invitent que par utilité des gens qui ne viennent que par intérêt.

Fernand Vanderem

Recevoir

Voulez-vous savoir comment il faut donner ?
Mettez-vous à la place de celui qui reçoit.

Madeleine de Puisieux.

Récit

Le récit n'est plus l'écriture d'une aventure,
mais l'aventure d'une écriture.

Jean Ricardou

Reconnaître

Le Bon Dieu reconnaît les siens, mais Il est si bon
qu'Il fait semblant de reconnaître tout le monde.

Abel Hermant

Réforme

Nous ne parvenons à faire des réformes
qu'en faisant semblant de faire la révolution.

JACQUES CHABAN-DELMAS

Refuser

Refuser en donnant ses raisons n'est pas refuser.

ALAIN

C'est encore accorder quelque chose que de refuser avec grâce.

PUBLILIUS SYRUS

Regard

Que d'enfants, si le regard pouvait féconder !
Que de morts s'il pouvait tuer !

PAUL VALÉRY

Régime

Il n'est rien au monde qui fasse naître plus de faux espoirs
que les quatre premières heures d'un régime amaigrissant.

Anonyme

Faire un régime me pèse.

Grégoire Lacroix

Il y a une chose plus difficile encore que de s'astreindre à un régime,
c'est de ne pas l'imposer aux autres.

Marcel Proust

Regretter

Je regrette mes péchés, mais je regrette plus encore
ceux que j'eusse aimé commettre.

François Mauriac

Réincarnation

Si je croyais en la réincarnation,
j'aimerais revivre sous la forme d'une éponge.

WOODY ALLEN

Il doit y avoir quelque chose de vrai dans la réincarnation, puisque certaines femmes de trente-cinq ans se souviennent d'événements vieux d'un demi-siècle.

JEAN ROSTAND

Relatif

Tout est relatif, voilà la seule chose absolue.

AUGUSTE COMTE

Relation

« Dis-moi, chéri, est-ce que nous avons des relations sexuelles ?
– Bien sûr, chérie ! Quelle question !

– Mais alors, pourquoi ne les invitons-nous jamais ? »

Anonyme

Le genre de relation le plus facile pour moi, c'est avec dix mille personnes. Le plus difficile, c'est avec une seule.

JOAN BAEZ

Relativité

On croit souvent qu'un appartement est bas de plafond, alors qu'il est tout simplement haut de plancher.

PIERRE DAC

Si ma théorie de la relativité est prouvée, l'Allemagne me revendiquera comme Allemand et la France déclarera que je suis un citoyen du monde. Mais, si ma théorie est fausse, la France dira que je suis un Allemand et l'Allemagne déclarera que je suis un Juif.

ALBERT EINSTEIN

Religion

Le meilleur dans la religion, c'est qu'elle engendre des hérétiques.

Ernst Bloch

La religion est une fatigante solution de paresse.

Emil Michel Cioran

Si un homme atteint le cœur de sa religion,
il atteint également le cœur des autres religions.

Mahatma Gandhi

La religion est faite pour ceux qui en ont besoin.

Max Jacob

La religion est le soupir de la créature opprimée, l'âme d'un monde sans cœur, comme elle est l'esprit de conditions sociales dont l'esprit est exclu. Elle est l'opium du peuple.

Karl Marx

(Heinrich Heine l'avait dit avant lui !).

Toutes les religions se ressemblent par la quête.

JULES RENARD

La religion était un bon arbre qui a produit de mauvais fruits.

VOLTAIRE

Un Anglais, comme homme libre,
va au ciel par le chemin qui lui plaît.

VOLTAIRE

Relire

« Dis-moi ce que tu lis, je te dirai qui tu es », il est vrai,
mais je te connaîtrai mieux si tu me dis qui tu relis.

FRANÇOIS MAURIAC

Remariage

Le remariage est le triomphe de l'espérance sur l'expérience.

ROLAND JACCARD

Remède

Agent thérapeutique qui guérit rarement le mal qu'on a,
mais donne à chaque instant un mal qu'on n'avait pas.

GEORGES COURTELINE

Rencontrer (se)

Ma femme et moi avons été heureux vingt-cinq ans,
et puis nous nous sommes rencontrés.

SACHA GUITRY

Rengaine

Une rengaine, c'est une chanson qui, pour commencer,
vous entre par une oreille et, pour finir, vous sort par les yeux.

RAYMOND DEVOS

Renoncer

Il n'y a qu'une route vers le bonheur [...], c'est de renoncer aux choses qui ne dépendent pas de notre volonté.

ÉPICTÈTE

Repas

Le peuple déjeune, la bourgeoisie dîne, la noblesse soupait. L'estomac se lève plus ou moins tard chez l'homme selon sa distinction.

EDMOND et JULES DE GONCOURT

Réponse

La réponse est le malheur de la question.

MAURICE BLANCHOT

Nous possédons toutes les réponses. Apportez vos problèmes.

JEAN PAULHAN

Reposer (se)

De temps en temps, il faut se reposer de ne rien faire.

JEAN COCTEAU

Il est démocratiquement impensable qu'en république
il y ait encore trop de gens qui se foutent royalement de tout.

PIERRE DAC

Réputation

« Puisque vous avez la réputation d'être si drôle,
monsieur Tristan Bernard, faites-moi rire !
– Puisque vous êtes si riche, monsieur Rothschild,
donnez-moi cent mille francs. »

Résister

On ne s'appuie que sur ce qui résiste.

SÉNÈQUE

Résolution

Les résolutions sont comme les anguilles ; on les prend aisément. Le diable est de les tenir.

ALEXANDRE DUMAS FILS

Les bonnes résolutions sont des chèques tirés sur une banque où l'on n'a pas de compte ouvert.

OSCAR WILDE

Responsable

La recherche des responsables amuse le peuple et dispense de faire les choses difficiles qu'il pourrait attendre de voir accomplies ou résolues.

PAUL VALÉRY

Ressusciter

Un mort qui ressuscite déçoit toujours un peu son monde.

MARCEL AYMÉ

Retenir

On passe la moitié de sa vie à retenir sans comprendre,
et l’autre moitié à comprendre sans retenir.

ANTOINE DE RIVAROL

Retraite

Pour la femme, retraite signifie deux fois moins d’argent
et deux fois plus de mari.

Anonyme

La retraite, qu’est-ce que c’est,
sinon la permission *officielle de rouiller.*

JEANINE BOISSARD

Pour tout Français, la retraite est le but suprême de l’existence. C’est avec joie qu’il envisage sa vie de vieillard. Mastiquer avec une mâchoire édentée semble être le comble de ses délices.

GEORGE MIKES

Retraité

Le retraité est, comme le bouilleur de cru,
un personnage éminemment français.

Albert Thibaudet

Réussir

En essayant continuellement, on finit par réussir.
Donc, plus on rate, plus on a de chances que ça marche.

Devise shadok

Rêve

Le rêve d'un homme fait partie de la mémoire de tous.

Jorge Luis Borges

Les rêves ont été créés pour qu'on ne s'ennuie pas
pendant le sommeil.

Pierre Dac

Mon rêve d'enfant était d'être cambrioleur les jours ouvrables et policier le week-end. Je me serais arrêté le dimanche.

Raymond Devos

La nuit dernière, j'ai eu un rêve magnifique, ne le manquez pas.

Groucho Marx

Revenant

Je ne crois pas aux revenants, mais j'en ai peur.

Mme du Deffand

Rêver

Rêver, c'est le suicide que se permettent les gens bien élevés.

Karen Blixen

Rêver, c'est dormir avec des illustrations dans le texte.

Eugenio d'Ors, cité par G. Pommerand

Réverbère

Il était tard, il ne restait plus qu'un réverbère allumé sur deux,
les autres dormaient debout.

BORIS VIAN

Revers

Une promotion de Saint-Cyr porte le nom de Diên Biên Phu.
En France, tout revers a sa médaille.

ANDRÉ FROSSARD

Révolte

Apparemment négative, puisqu'elle ne crée rien,
la révolte est profondément positive puisqu'elle révèle ce qui,
en l'homme, est toujours à défendre.

ALBERT CAMUS

Se servir de la guerre contre une révolte est un procédé aussi malpropre et aussi long que manger sa soupe avec un couteau.

Thomas Edward Lawrence

Révolution

Une révolution est toujours inaugurée par des naïfs, poursuivie par des intrigants, consommée par des scélérats.

Paul Bourget

Si la Terre entière met un an avant d'accomplir sa révolution, comment voulez-vous qu'un petit pays fasse la sienne en quelques mois.

Pierre Dac

La Révolution russe, c'est la Révolution française qui arrive en retard, à cause du froid.

Salvador Dalí

La révolution, c'est les vacances de la vie.

André Malraux

Dans les révolutions, il y a deux sortes de gens : ceux qui les font et ceux qui en profitent.

Napoléon Ier

L'ennui avec les révolutions, c'est qu'à peine l'une terminée, il faut vite préparer la suivante afin de chasser du pouvoir ceux qui s'en sont emparés pour le bien de tous et en ont fait leur profit exclusif.

Georges Wolinski cité par André Jouette

Révolutionnaire

Les salons et les académies tuent plus de révolutionnaires que les prisons ou les canons.

Paul Morand

Rhumatisme

Les illusions sur une femme qu'on a aimée, cela ressemble aux rhumatismes : on ne s'en défait jamais complètement.

Henri Becque

Rhume

Dans les mosquées, on enlève ses chaussures et on garde son chapeau.
Dans les églises, on enlève son chapeau et on garde ses chaussures.
Et, après ça, on s'étonnera qu'il y ait des rhumes.

PHILIPPE GELUCK

Un rhume de cerveau fait bien plus souffrir qu'une idée.

JULES RENARD

Riche

Ah ! que ne suis-je riche pour venir en aide au pauvre que je suis !

TRISTAN BERNARD

Je ne suis pas un nouveau riche, je suis un ancien pauvre.

COLUCHE

Être riche, ce n'est pas avoir de l'argent, c'est en dépenser.

SACHA GUITRY

Il n’est pas nécessaire de mépriser le riche :
il suffit de ne pas l’envier.

Jules Renard

J’ai été riche et j’ai été pauvre… Croyez-moi, riche, c’est mieux !

Sophie Tucker

Richesse

La malédiction de la richesse,
c’est de devoir vivre avec des gens riches.

Logan Pearsall Smith

Il vaut mieux avoir du bien au soleil que du mal à l’ombre.

Auguste de Villiers de L’Isle-Adam

Le plus gros avantage de la richesse,
c’est qu’elle permet de faire des dettes.

Oscar Wilde

Ride

Je n'ai qu'une seule ride, et je suis assise dessus.

Jeanne Calment (120 ans).

Si Dieu m'avait fait l'honneur de me consulter,
je Lui aurais conseillé de placer les rides des femmes sous le talon.

Ninon de Lenclos

Ride : pli confidentiel – ou qu'on voudrait tel.

Robert Sabatier

Ridicule

Le ridicule est comme la mauvaise haleine :
on ne le remarque que chez le voisin.

Malcolm de Chazal

Le ridicule ne tue plus : il tire à deux cent mille exemplaires.

Georges Elgozy

Si on ôtait à de certaines gens leur ridicule,
il ne leur resterait plus rien.

JEAN-FRANÇOIS HÉNAULT

Le ridicule ne tue plus, nulle part, mais, aux Usa,
il enrichit drôlement.

BORIS VIAN

Rien

Trois fois rien, c'est déjà quelque chose.

RAYMOND DEVOS

Pourquoi y a-t-il quelque chose plutôt que rien ?

GOTTFRIED WILHELM LEIBNIZ

Un rien m'agite
rien ne m'ébranle.

Devise de LOUISE WEISS.

Rigolo

Je ferai aimablement remarquer aux hommes politiques qui me prennent pour un rigolo, que ce n'est pas moi qui ai commencé.

COLUCHE

Rime

Dès que la guerre est déclarée, impossible de tenir les poètes.
La rime est encore le meilleur des tambours.

JEAN GIRAUDOUX

Rire

Méfie-toi de l'homme dont le ventre ne bouge pas quand il rit.

Dicton cantonais

C'est un grand malheur pour une femme jolie que le rire l'enlaidisse ; le rire qui a souvent la force d'embellir une laide.

GIOVANNI GIACOMO CASANOVA

Comme le cœur et comme le sexe, le rire procède par érection. Rien ne l'enfle qui ne l'excite. Il ne se dresse pas à volonté.

JEAN COCTEAU

On peut rire de tout, mais pas avec n'importe qui.

PIERRE DESPROGES

Le rire, comme les essuie-glaces, permet d'avancer même s'il n'arrête pas la pluie.

Cité par GÉRARD JUGNOT.

À partir du moment où j'ai pris votre livre en mains et jusqu'au moment où je l'ai reposé, je n'ai pas pu m'arrêter de rire. Un de ces jours, j'espère que je le lirai.

GROUCHO MARX

Nous sommes ici-bas pour rire. Nous ne le pourrons plus au purgatoire ou en enfer. Et au paradis, ce ne serait pas convenable.

JULES RENARD

Riez, et le monde rira avec vous. Pleurez, et vous pleurerez seul.

E. Wilcow

Robinet

Parmi nos articles de quincaillerie paresseuse, nous recommandons le robinet qui s'arrête de couler quand on ne l'écoute pas.

Marcel Duchamp

Robot

L'intelligence artificielle se définit comme le contraire de la bêtise naturelle.

Woody Allen

Roi

Il y a deux choses que l'on conteste bien souvent aux rois : leur naissance et leur mort. On ne veut pas que l'une soit légitime, ni l'autre naturelle.

Alfred de Vigny

Les rois sont avec leurs ministres comme les cocus
avec leurs femmes : ils ne savent jamais ce qui se passe.

VOLTAIRE

Roman

Malheur à tout roman que le lecteur n'est pas pressé d'achever.

JEAN LE ROND D'ALEMBERT

Un bon roman nous révèle la vérité sur son héros.
Mais un mauvais roman nous révèle la vérité sur son auteur.

GILBERT KEITH CHESTERTON

La bêtise des gens consiste à avoir une réponse à tout.
La sagesse d'un roman consiste à avoir une question à tout.

MILAN KUNDERA

Un roman, c'est un miroir qu'on promène le long du chemin.

STENDHAL

Romancier

Le romancier est, de tous les hommes,
celui qui ressemble le plus à Dieu... il est le singe de Dieu.

François Mauriac

Roman-fleuve

Un roman-fleuve exige des années. J'adoptai le roman-goutte.

Marcel Béalu

Rond

La preuve que la Terre est ronde, *c'est que les gens*
qui ont les pieds plats ont du mal à marcher.

Charles Bernard

La Terre étant ronde, le kilomètre devrait être rond
et non pas carré.

Ramón Gómez de La Serna

Ronfler

Ronfler, c'est dormir tout haut.

JULES RENARD

Rose

Le premier qui compara la femme à une rose était un poète ;
le second était un imbécile.

Attribué à GÉRARD DE NERVAL

Les roses ne sont pas à plaindre… Au moins, elles ne savent pas, elles, qu'elles se faneront.

HENRI DUVERNOIS

La prose ayant une lettre de trop, la rose choisit la poésie.

ROBERT SABATIER

Ce que l'on nomme rose sous un tout autre nom sentirait aussi bon.

WILLIAM SHAKESPEARE

Roseau

Un roseau est un homme qui ne pense pas.

Roland Dubillard

L'homme n'est qu'un roseau, le plus faible de la nature,
mais c'est un roseau pensant.

Blaise Pascal

La femme est un roseau dépensant.

Jules Renard

Rossignol

Seul le rossignol peut comprendre la rose.

Proverbe bulgare

Le rossignol est cent pour cent fidèle à sa compagne,
qui est enfermée dans la même cage que lui.

Will Cuppy

Roturier

On ne naît plus roturier. On le devient. À titre exceptionnel.
N'est pas roturier qui veut.

PIERRE DANINOS

Roue

Sans l'invention de la roue, les coureurs du Tour de France
seraient condamnés à porter leur bicyclette sur le dos.

PIERRE DAC

La fortune des hommes est une roue
et ne laisse pas toujours les *mêmes au* sommet.

HÉRODOTE

Rouge à lèvres

Ne te mets pas trop de rouge, ça fait sens interdit.

HENRI JEANSON

Ruine

Je n'ai été ruiné que deux fois : la première
pour avoir perdu un procès, l'autre pour en avoir gagné un.

VOLTAIRE

Ruse

Ce qui perd le lièvre, ce sont ses ruses.
S'il ne faisait que courir droit devant lui, il serait immortel.

JULES RENARD

Russe *(auteur)*

Tolstoï, c'est un repas complet. De Tourgueniev, je dirais que c'est un admirable dessert. Dostoïevski, c'est un repas complet avec vitamines et supplément de germes de blé.

WOODY ALLEN

Sablier

Les sabliers ne servent pas seulement à nous rappeler la fuite du temps,
ils évoquent également la poussière que nous deviendrons un jour.

Georg Christoph Lichtenberg

Sabre

Ce sabre est le plus beau jour de ma vie… Je rentre dans la capitale
et si vous me rappelez à la tête de votre phalange, messieurs,
je jure de soutenir, de défendre nos institutions et, au besoin,
de les combattre.

Henri Monnier

Sagesse

Un homme mérite de passer pour sage, alors qu'il est à la recherche
de la sagesse ; dès qu'il croit l'avoir acquise, il est un sot.

Le Livre de la sagesse arabe

La sagesse n'est pas capricieuse comme la fortune,
mais elle passe bien moins souvent.

Maurice Magre

Saint

L'usage veut qu'on adore les saints morts
et qu'on persécute les vivants.

Proverbe anglais

Je suis un saint au point que, dès que je touche du vin,
il se transforme en eau.

Aga Khan III

Les saints sculptés ont eu beaucoup plus d'influence dans le monde que les saints vivants.

GEORG CHRISTOPH LICHTENBERG

Sainteté

La sainteté n'est peut-être que le comble de la politesse.

MARCEL JOUHANDEAU

Samedi

Ne faites jamais l'amour le samedi soir, car, s'il pleut le dimanche, vous ne saurez plus quoi faire.

SACHA GUITRY

Santé

La bonne santé, c'est d'avoir mal tous les jours à un endroit différent.

MICHEL CHRESTIEN

La santé, c'est ce qui sert à ne pas mourir
chaque fois qu'on est gravement malade.

GEORGES PERROS

La santé est un état précaire qui ne présage rien de bon.

JULES ROMAINS

Satire

La satire est une sorte de miroir dans lequel les spectateurs découvrent
généralement le visage de tout le monde, mais pas le leur.

JONATHAN SWIFT

Savant

Le meilleur moyen d'augmenter l'intelligence des savants
serait de diminuer leur nombre.

ALEXIS CARREL

Le savant n'est pas l'homme qui fournit les vraies réponses ; c'est celui qui pose les vraies questions.

CLAUDE LÉVI-STRAUSS

Savoir

N'est-ce pas savoir beaucoup que savoir qu'on ne sait rien ?

FÉNELON

Confucius disait que le savoir véritable consiste à mesurer l'exacte étendue de son ignorance.

SIMON LEYS

Scaphandrier

Je connais un homme qui est mort d'avoir fait un trou à son pantalon… Il était scaphandrier.

HENRI DE TOULOUSE-LAUTREC

Schizophrène

En Irlande, les schizophrènes ne sont pas soignés par un psychiatre,
mais par deux.

Barny Took

Science

La science consiste à passer d'un étonnement à un autre.

Aristote

La science est infaillible, mais les savants se trompent toujours.

Anatole France

Toute science crée une nouvelle ignorance.

Henri Michaux

Un peu de science éloigne de Dieu, beaucoup de science y ramène.

Louis Pasteur

Il faut n'appeler science que l'ensemble des recettes qui réussissent toujours. Tout le reste est littérature.

PAUL VALÉRY

Scrupule

Vous faites du scrupule, mon cher, comme beaucoup de vieux pécheurs, au tournant de la soixantaine.

GEORGES BERNANOS

Secret

Chez moi, le secret est enfermé dans une maison aux solides cadenas dont la clé est perdue et la porte scellée.

Les Mille et Une Nuits.

Trois personnes peuvent garder un secret – si deux d'entre elles sont mortes.

BENJAMIN FRANKLIN

C'est une erreur de croire qu'une femme peut garder un secret.
Elles le peuvent, mais elles s'y mettent à plusieurs.

SACHA GUITRY

Un secret, ce n'est pas quelque chose qui ne se raconte pas.
Mais c'est une chose qu'on se raconte à voix basse et séparément.

MARCEL PAGNOL

Sectaire

Sectaire : Celui qui ne voit qu'une étoile dans le ciel.

ANDRÉ PRÉVOT

Sein

Dieu a donné à la femme deux seins
parce qu'il a donné à l'homme deux mains.

LÉO CAMPION

Couvrez ce sein que je ne saurais voir.
Par de pareils objets, les âmes sont blessées,
Et cela fait venir de coupables pensées.

MOLIÈRE

Et quels seins ! je veillerais des nuits entières
à la lumière de ces globes-là.

JULES RENARD

Semaine

Si la semaine de quarante heures était réduite de moitié, les fins de mois auraient lieu tous les quinze jours.

PIERRE DAC

Sénat

Je resterai député jusqu'à ma mort, après quoi j'irai au Sénat.

Attribué à FRÉDÉRIC-DUPONT, cité par RAYMOND CASTANS.

Sénateur

Un sénateur, c'est un député qui s'obstine.

ROBERT DE JOUVENEL

Sentier

Par les soirs bleus d'été, j'irai dans les sentiers,
Picoté par les blés, fouler l'herbe menue.

ARTHUR RIMBAUD

Sentiment

Parler de sentiments à des femmes de chair est aussi offensant que parler littérature à des gens qui ont faim.

MALCOLM DE CHAZAL

Il est plus difficile de dissimuler les sentiments que l'on a que de feindre ceux que l'on n'a pas.

FRANÇOIS DE LA ROCHEFOUCAULD

Séparation

Ma femme est partie avec un autre, alors, je l'ai quittée.

WOODY ALLEN

Sérieux

Il y a des gens pour croire sensé tout ce qu'on fait en prenant un air sérieux.

GEORG CHRISTOPH LICHTENBERG

Il faut tout prendre au sérieux, mais rien au tragique.

ADOLPHE THIERS

Serpent

Ne brandis pas dans l'air le serpent que tu as tué,
les autres serpents te guettent.

Proverbe bantou

Quand on lui marche sur les pieds, le serpent hausse les épaules.

Stéphane Collaro

Le premier animal domestique d'Adam
après l'expulsion du Paradis fut le serpent.

Franz Kafka

Service

Un service qu'on rend est une dette qu'on contracte.

Alphonse Karr

Les hommes ne s'attachent point à nous en raison des services
que nous leur rendons, mais en raison de ceux qu'ils nous rendent.

Eugène Labiche

Les hommes ont la volonté de rendre service
jusqu'à ce qu'ils en aient le pouvoir.

Luc de Vauvenargues

Seul

Qui mange seul s'étrangle seul.

Proverbe arabe

Elle est partie ! Enfin, me voilà seul ! C'était, depuis bien des années,
mon rêve. Je vais donc enfin vivre seul !
Et déjà, je me demande avec qui.

Sacha Guitry

Vivre seul, c'est prendre plaisir à manger du céleri rémoulade
dans son papier d'emballage.

Jean Yanne

Sexagénaire

Les hommes de soixante ans, en dehors de moi,
me font l'effet d'en avoir soixante-dix.

Tristan Bernard

On devient jeune à soixante ans. Malheureusement, c'est trop tard.

PABLO PICASSO

Sexe

La différence entre le sexe et la mort c'est que, mourir vous pouvez le faire seul et personne ne se moquera de vous.

WOODY ALLEN

Si je parle toujours du sexe,
c'est que je trouve impudique de parler d'amour.

WOODY ALLEN

Le sexe sans amour est une expérience *vide*.
– Oui, mais parmi les expériences vides, c'est une des meilleures !

WOODY ALLEN

Aux États-Unis, le sexe est une obsession ;
partout ailleurs dans le monde, c'est une réalité.

MARLENE DETRICH

Deux sexes, c'est nettement insuffisant !
commandez-m'en deux autres.

SPIKE MULLIGAN

Selon les Français, il existe trois sexes :
les hommes, les femmes et les membres du clergé.

SYDNEY SMITH

Shakespeare

Shakespeare n'a jamais existé. Toutes ses pièces ont été écrites par un inconnu qui, d'ailleurs, s'appelait Shakespeare.

ALPHONSE ALLAIS

Si

On ne sait jamais ce qui serait arrivé
si ce qui est arrivé n'était pas arrivé.

ANDRÉ FRANÇOIS-PONCET

Siècle

Il est difficile de loger à plus de vingt dans un siècle.

HENRI MICHAUX

Sieste

Je fais toujours une petite sieste avant d'aller me coucher.

W.C. FIELDS

Silence

Le silence, a dit quelqu'un, est une vertu
qui nous rend agréables à nos semblables.

SAMUEL BUTLER

Le silence, c'est la meilleure production qu'on puisse faire, parce qu'il se propage : on ne le signe pas et tout le monde en profite.

MARCEL DUCHAMP

Tant de choses ne valent pas d'être dites. Et tant de gens ne valent pas que les autres choses leur soient dites. Cela fait beaucoup de silence.

HENRY DE MONTHERLANT

Le silence n'a jamais trahi personne.

ANTOINE DE RIVAROL

Le silence est l'expression la plus parfaite du mépris.

GEORGE BERNARD SHAW

Le silence est la parure des femmes.

SOPHOCLE

Simenon (Georges)

Les romans de Simenon ? Toujours la même chose :
un poêle qui ne tire pas et une femme qui sent le chou !

JEAN GIONO

Beaucoup d'auteurs font dormir, Simenon fait rêver.

ROGER NIMIER

Sincère

Il est dangereux d'être sincère,
à moins qu'on ne soit stupide aussi.

George Bernard Shaw

Singe

Singe : Animal arboricole qui se sent également très à l'aise
dans les arbres généalogiques.

Ambrose Bierce

Un singe est un homme qui n'a pas réussi.

Jules Renard

Il importe peu de descendre du singe ;
l'essentiel est de ne pas y remonter.

Richard Wagner

Singulier

On met la femme au singulier quand on a du bien à en dire
et on en parle au pluriel quand elle nous fait quelque méchanceté.

SACHA GUITRY

Slogan

« Ta vie est nihilisme, cynisme, sarcasme et orgasme !
– En France, je serais sûr d'être élu sur un slogan pareil. »

WOODY ALLEN

Snob

Préférer voyager debout en première classe qu'assis en seconde.

GILBERT CESBRON

Le snob est un monsieur qui admire collectivement
ce qui l'ennuie quand il est tout seul.

FRANCIS CLAUDE

Socialisme

Le capitalisme est l'exploitation de l'homme par l'homme.
Le socialisme c'est exactement l'inverse.

ARTHUR KOESTLER

S'il n'y avait pas les socialistes,
le socialisme gouvernerait le monde entier.

GEORGE BERNARD SHAW

Socialiste

Christophe Colomb fut le premier socialiste : il ne savait pas où il allait, il ignorait où il se trouvait… et il faisait tout ça aux frais du contribuable.

WINSTON CHURCHILL

Je lis sur une enseigne du vieux Nice : RESTAURANT OUVRIER – CUISINE BOURGEOISE. C'est bien le programme de certains de mes amis socialistes.

ÉDOUARD HERRIOT

Soirée

J'ai passé une excellente soirée… mais ça n'était pas celle-ci.

Groucho Marx, en prenant congé.

Soldat inconnu

Si l'administration militaire était bien faite,
il n'y aurait pas de soldat inconnu.

Louis Jouvet

Soleil

C'est faire honneur au soleil que de se lever après lui.

Yvan Audouard

Aujourd'hui, j'ai permis au soleil de se lever plus tôt que moi.

Georg Christoph Lichtenberg

Solitaire

On m'apprend que j'abrite un ver, solitaire lui aussi.

Jude Stéfan

Solitude

La solitude est un plat qui se mange seul.

Achille Chavée

La solitude était ma tentation. Maintenant, elle est mon amie.
De quelle autre se contenter quand on a rencontré l'Histoire.

Charles de Gaulle

Il n'y a plus de solitude là où est la poésie.

Charles Ferdinand Ramuz

On ne tombe pas dans la solitude, parfois on y monte.

Henri Thomas

La solitude, c'est l'impossibilité de vivre seul…

JEAN YANNE

Sommeil

Vous dites que vous dormez comme un enfant :
on voit bien que vous n'en avez jamais eu.

Un père de famille nombreuse à un célibataire

Son sommeil était, de beaucoup, ce qu'elle avait de plus profond.

SACHA GUITRY

La durée de sommeil nécessaire à chacun est d'environ
encore cinq minutes… de plus.

MAX KAUFFMAN

Sondage

Musset aujourd'hui n'écrirait plus
« À quoi rêvent les jeunes filles ? », il consulterait les sondages.

JEAN AMADOU

Les sondages, c'est comme la minijupe :
ça fait rêver, mais ça cache l'essentiel.

ALEXANDRE SANGUINETTI

Songe

Et il en est comme de ces beaux songes
qui ne vous laissent au réveil que le déplaisir de les avoir crus.

MOLIÈRE

Sonnet

Quatorze vers pour une idée.

JULES RENARD

Sot

La femme la plus sotte peut mener un homme intelligent ; mais il faut qu'une femme soit bien adroite pour mener un imbécile.

RUDYARD KIPLING

J'ai fait le sot quand j'ai compris que l'intelligence inquiétait.

Pierre Lepape

Sottise

Il y a des sottises bien habillées comme il y a des sots très bien vêtus.

Nicolas de Chamfort

Nos grandes qualités nous éloignent les uns des autres ;
ce sont nos sottises qui nous rapprochent.

Jerome K. Jerome

Souci

Les soucis d'aujourd'hui sont les plaisanteries de demain.
Rions-en donc tout de suite.

Henri Béraud

Souffrance

La souffrance étant tout ce qui reste aux misérables,
quelle cruauté que de vouloir la partager !

Jean-Marc Lenglen

Je conteste qu'une chose aussi inutile que la souffrance
puisse donner des droits quels qu'ils soient, à qui que ce soit,
sur quoi que ce soit.

Boris Vian

Souffrir

Souffrir passe. Avoir souffert ne passe pas.

Louise-Marie de France
(elle avait écrit ces mots sur les murs de sa cellule
au carmel de Saint-Denis).

Soupir

Le soupir d'une jolie fille s'entend de plus loin
que le rugissement du lion.

Proverbe arabe

Sourd

Un bon chef de famille, c'est celui qui se montre un peu sourd.

Proverbe chinois

Beethoven était tellement sourd
que toute sa vie il a cru qu'il faisait de la peinture.

François Cavanna

Il ne faut jamais gifler un sourd. Il perd la moitié du plaisir :
il sent la gifle mais ne l'entend pas.

Georges Courteline

Il croit qu'il devient sourd parce qu'il n'entend plus parler de lui.

Talleyrand, à propos du vieux Chateaubriand

Sourire

Quand tu es né, tu pleurais et tout le monde souriait autour de toi.
Tâche, quand tu vas mourir, de sourire et que tout le monde pleure.

Proverbe arabe

Souris

Les rêves d'un chat sont peuplés de souris.

Le Livre de la sagesse arabe

Les personnes étourdies disaient : « C'est un chat gris souris », quoiqu'il soit assez mal élevé de comparer un chat à une souris.

Claude Roy

Sous-développé

Dans un pays sous-développé, ne buvez jamais d'eau.
Mais, dans un pays industrialisé, ne respirez jamais l'air.

Jonathan Raban

Sous-marin

Un sous-marin, pour une baleine, c'est un gros suppositoire.

JEAN CARMET

Souvenir

J'ai plus de souvenirs que si j'avais mille ans.

CHARLES BAUDELAIRE

Le souvenir du bonheur n'est plus du bonheur ;
le souvenir de la douleur est de la douleur encore.

LORD BYRON, *Marino Faliero*.

Les souvenirs du passé sont les rides de l'âme.

XAVIER DE MAISTRE

Le souvenir est le seul paradis dont nous ne puissions être expulsés.

JEAN-PAUL RICHTER

Je n'ai pas encore assez oublié pour avoir des souvenirs.

JEAN ROSTAND

Spécialiste

On s'aperçoit qu'on est devenu un spécialiste quand les choses dont on parle avec plaisir ennuient les autres.

GILBERT CESBRON

Un spécialiste est celui qui en connaît de plus en plus sur de moins en moins de choses.

WILLIAM J. MAYO

Spinoza

Spinoza est le seul qui n'ait jamais lu Spinoza.

FRANCIS PICABIA

Sport

Le seul sport que j'aie jamais pratiqué, c'est la marche à pied, quand je suivais les enterrements de mes amis sportifs.

George Bernard Shaw

Sportif

Le temps que passent les sportifs à courir, ils le passent pas à se demander pourquoi ils courent.

Coluche

Star

Tous les hommes de la planète rêvent de passer une nuit avec Rita Hayworth... et le matin, ils se réveillent avec moi.

Rita Hayworth

Statistique

La statistique a démontré que la mortalité dans l'armée augmente sensiblement en temps de guerre.

Alphonse Allais

La statistique est la première des sciences inexactes.

EDMOND et JULES DE GONCOURT

On exagère les progrès de la délinquance juvénile : au temps d'Adam et d'Ève, elle était de 50 pour cent.

MGR RHODAIN

Il existe trois sortes de mensonges : Le mensonge pur et simple, le satané mensonge et… le pire de tous, la statistique.

MARK TWAIN

Statue

La grande statue de la République tendait en avant son bras de fonte, pour se jurer fidélité ou pour voir s'il ne pleuvait pas.

JEAN GIRAUDOUX

Les statues ne font que nommer l'oubli.
On n'est jamais plus mort qu'en bronze.

ALEXANDRE VIALATTE

Strabisme

Autant le strabisme est divergent chez Sartre,
autant le snobisme est convergent chez l'homme.

PIERRE DESPROGES

Stratégie

La stratégie, ça consiste à continuer à tirer
pour faire croire à l'ennemi qu'on a encore des munitions.

MICHEL CHRESTIEN

Style

Marivaux disait que le style a un sexe
et qu'on reconnaissait les femmes à une phrase.

NICOLAS DE CHAMFORT

L'épithète doit être la maîtresse du substantif,
jamais sa femme légitime.

ALPHONSE DAUDET

Un style est ce qui décourage le plagiat et tente le pastiche.

Robert Sabatier

Subjonctif

Docteur, ma femme est clouée au lit, j'aimerais que vous la vissiez.

Anonyme

Succès

Le succès des autres m'excite cinq minutes et m'abat longtemps.

Jules Renard

Le secret du succès est d'offenser
le plus grand nombre possible de gens.

George Bernard Shaw

Suicide

Lorsqu'on se tue, c'est un homme qu'on tue.

Saint Augustin

Personne ne s'est jamais suicidé alors qu'il lisait un bon livre, mais ils sont nombreux à l'avoir fait alors qu'ils essayaient d'en écrire un.

ROBERT BYRNE

Le suicide réussi est le seul péché mortel
dont on ne peut pas se confesser.

FRANÇOIS CAVANNA

Le suicide, ce n'est pas vouloir mourir, c'est vouloir disparaître.

GEORGES PERROS

Suicider (se)

J'ai demandé à cette fille si elle avait des projets pour samedi soir et elle m'a dit qu'elle avait l'intention de se suicider.
Alors, je lui ai demandé ce qu'elle comptait faire vendredi soir.

WOODY ALLEN

Se suicider ? Mais on passe sa vie à le faire.

LOUIS SCUTENAIRE

Suisse

Les Suisses sont des gens qui ont beaucoup d'argent et beaucoup d'esprit, mais qui ne font jamais voir ni l'un ni l'autre.

STANISLAS JEAN DE BOUFFLERS

Pour rétablir nos finances il faut déclarer la guerre à la Suisse, puis la perdre afin d'être envahis et de disposer d'une monnaie forte.

COLUCHE

La Suisse, c'est propre. On peut pas attraper de maladies en Suisse. On peut y attraper que des médicaments.

COLUCHE

En Suisse, un homme dans la rue s'est soudain retourné et a violemment écrasé un escargot. Interrogé par la police, il a déclaré : « Ça fait des heures qu'il me suivait. »

COLUCHE

Si Dieu avait été suisse, il serait toujours en train d'attendre le moment favorable pour créer le monde.

Hugo Loebcher

Les Suisses ont su construire un très beau pays autour de leurs hôtels.

George Mikes

Superflu

Le superflu ? C'est comme une Bible au Ritz.

Francis Scott Fitzgerald

Superstitieux

Les gens superstitieux vous recommandent instamment de ne jamais passer sous une échelle, mais ne vous empêchent pas de passer sous un taxi.

Pierre Dac

Superstition

La superstition, c'est tout simplement
l'art d'assumer les coïncidences.

JEAN COCTEAU

La superstition est un peu plus humaine
que la religion parce qu'elle manque de morale.

REMY DE GOURMONT

La superstition est à la religion ce que l'astrologie
est à l'astronomie, la fille très folle d'une mère très sage.

VOLTAIRE

Surmenage

Surmenage : Dangereuse maladie affectant
les hauts fonctionnaires désireux d'aller à la pêche.

AMBROSE BIERCE

T-U

Tabac

Ceux que la fumée n'empêche pas de tousser et que la toux n'empêche pas de fumer ont droit à la reconnaissance de la Régie française des tabacs.

Pierre Dac

Quand il lut quelque part que fumer pouvait provoquer le cancer, il arrêta de lire.

A. Kirwan

Mon médecin m'a toujours dit de fumer. Il ajoute à ses conseils :
– Fumez, mon ami : sans cela un autre fumera à votre place.

Erik Satie

Dieu créa l'homme, puis il eut peur qu'il ne s'ennuyât et il lui donna la femme. Peu après, pris de remords, Dieu eut peur qu'elle ne l'ennuyât. Alors il lui envoya le tabac.

MARK TWAIN

Tableau

Un marchand de tableaux est un voleur inscrit
au registre du commerce.

MICHEL AUDIARD

Vous savez, au fond… on n'achète pas les tableaux
parce qu'on les aime, on les aime parce qu'on les achète.

GEORGES FEYDEAU

Achever un tableau, c'est l'achever.

PABLO PICASSO

Tact

Le tact est une qualité qui consiste à peindre les autres
tels qu'ils se voient.

ABRAHAM LINCOLN

Taire (se)

Qu'il est difficile de se taire quand on n'a plus rien à se dire.

PIERRE ÉTAIX

Que celui qui a quelque chose à dire s'avance et se taise.

KARL KRAUS

Talent

Ayez du talent, on vous reconnaîtra du génie.
Ayez du génie, on ne vous reconnaîtra jamais du talent.

SACHA GUITRY

Quand un homme a prouvé qu'il a du talent,
il lui reste à prouver qu'il sait s'en servir.

JULES RENARD

Talon

Le talon haut a été inventé par une femme
qui en avait assez d'être embrassée sur le front.

Sacha Guitry

Tard

Il n'est jamais trop tard pour être ce que vous auriez pu être.
(*It is never too late to be what you might have been*).

George Eliot

Tauromachie

La tauromachie, c'est les abattoirs de la Villette
avec les costumes du Châtelet.

Jacques Martin

Technique

Un éditeur m'avait demandé de faire un livre sur la technique en peinture. Je l'ai écrit. En le relisant, j'ai appris à peindre.

SALVADOR DALÍ

Technocrate

Un technocrate, c'est un mec que, quand il t'a répondu, tu te souviens même plus de ta question.

COLUCHE

Teinture

La jeunesse actuelle est monstrueuse.
Elle n'a aucun respect pour les cheveux teints.

OSCAR WILDE

Teinturier

J'ai connu un teinturier qui est mort à la tâche.

PIERRE DORIS

Téléphone

Si le téléphone ne sonne pas, c'est moi.

JIMMY DURANTE

Le type qui a inventé le téléphone était très frustré, car il n'avait personne à appeler.

PHILIPPE GELUCK

Je n'aime pas qu'on me téléphone – et je donne d'interminables coups de téléphone pour que, pendant ce temps-là, personne ne puisse me téléphoner.

SACHA GUITRY

Télévision

La télévision n'exige du spectateur qu'un acte de courage – mais il est surhumain –, c'est de l'éteindre.

PASCAL BRUCKNER

On ne peut pas dire la vérité à la télévision :
il y a trop de monde qui regarde.

COLUCHE

La télévision n'est pas faite pour être regardée,
mais pour qu'on y passe.

NOEL COWARD

La télévision, on ne peut pas la regarder. Quand on est debout,
on ne la regarde pas. Quand on est assis, on s'endort.

JACQUES DUTRONC à Emmanuel Berl

Je trouve que la télévision est très favorable à *la culture*. Chaque fois
que quelqu'un l'allume chez moi, je vais dans la pièce à côté et je lis.

GROUCHO MARX

En ce moment, elle est tellement mauvaise,
votre télé, que le soir, je parle à ma femme.

Un chauffeur de taxi à PIERRE TCHERNIA

Je déteste la télévision comme je déteste les cacahuètes…
et je ne peux pas m'empêcher de manger des cacahuètes.

Orson Welles

Température

Ne pas oublier qu'entre un mort et un vivant,
il n'y a qu'une différence de 37°.

Jean-Louis Fournier

Dans la vie, il y a trois choses insupportables : le café froid,
le champagne tiède et les femmes trop chaudes.

Orson Welles

Temps

Le temps est un chien qui ne mord que les pauvres.

Léon Bloy

Le temps est un grand maître, le malheur, c'est qu'il tue ses élèves.

HECTOR BERLIOZ

Il faut donner du temps au temps.

MIGUEL DE CERVANTÈS

La radio marque les minutes de la vie ; le journal, les heures ;
le livre, les jours.

JACQUES DE LACRETELLE

Ô temps, suspends ton vol, et vous, heures propices,
Suspendez votre cours…

ALPHONSE DE LAMARTINE

J'ai tellement besoin de temps pour ne rien faire
qu'il ne m'en reste plus assez pour travailler.

PIERRE REVERDY

Le temps perdu se rattrape toujours.
Mais peut-on rattraper celui qu'on n'a pas perdu ?

ALEXANDRE VIALATTE

Le temps qu'il fait est toujours actuel,
surtout pendant les grandes vacances.

ALEXANDRE VIALATTE

Tennis

Le tennis et le ping-pong, c'est pareil.
Sauf qu'au tennis, ils sont debout sur la table.

COLUCHE

Terme

Tout a un terme en ce bas monde, excepté le loyer qui en a quatre.

CHARLES MONSELET

Terre

La terre a une peau et cette peau a des maladies ;
une de ces maladies s'appelle l'homme.

FRIEDRICH NIETZSCHE

On a trouvé en bonne politique le secret de faire mourir de faim ceux qui, en cultivant la terre, font vivre les autres.

VOLTAIRE

Testament

« Qu'on m'apporte sur-le-champ mon testament et une gomme. »

WOODY ALLEN

J'ai déchiré le testament que je venais d'écrire. Il faisait tant d'heureux que j'en serais arrivé à me tuer pour ne pas trop les faire attendre.

SACHA GUITRY

Tête

Lorsque l'on se cogne la tête contre un pot et que cela sonne creux, ça n'est pas forcément le pot qui est vide.

CONFUCIUS

Thé

Je sais maintenant pourquoi les Anglais préfèrent le thé : je viens de goûter leur café.

PIERRE-JEAN VAILLARD

Thé et café donnent de l'esprit à ceux qui en ont et des insomnies à ceux qui n'en ont pas.

VERLET

Théâtre

L'un de mes plus grands regrets lorsque je jouais au théâtre, est de n'avoir pas pu m'asseoir au milieu du public pour pouvoir me regarder.

JOHN BARRYMORE

Les directeurs de théâtre croient qu'ils sont intelligents quand ils ont un succès… et quand ils ont un four, ils croient que le public est idiot.

SACHA GUITRY

Je n'ai pas aimé cette pièce, mais il faut dire que je l'ai vue dans de très mauvaises conditions : le rideau était levé et les acteurs articulaient parfaitement.

GROUCHO MARX

Au théâtre, une seule question : « baiseront-ils ? » S'ils baisent, c'est une comédie. S'ils ne baisent pas, c'est un drame.

MARCEL PAGNOL
(confidence rapportée par RAYMOND CASTANS)

Théorie

Une œuvre où il y a des théories est comme un objet sur lequel on laisse la marque du prix.

MARCEL PROUST

Tiercé

Si vous avez perdu au tiercé, vengez-vous : mangez du cheval.

Publicité pour la boucherie chevaline Alain Pla à Mauguió

Tigre

Il vaut mieux avoir vécu vingt-cinq jours comme un tigre
qu'un millénaire comme un mouton.

Proverbe tibétain

Timidité

La timidité, source inépuisable de malheurs dans la vie pratique,
est la cause directe voire unique, de toute richesse intérieure.

Emil Michel Cioran

Tiret

Le mariage est comme le tiret en imprimerie : il sépare et relie.

Jean-Paul

Titre

Nous autres, poètes, quand nous avons de la peine,
au lieu de la chasser, nous lui cherchons un titre.

San-Antonio

Toi

Comment les autres hommes peuvent-ils vivre sans toi ?

Sacha Guitry

Toilette

Seuls les hommes que les femmes *n'intéressent pas s'intéressent* à leur toilette ; ceux qui aiment les femmes ne remarquent jamais ce qu'elles portent.

Anatole France

On a remarqué que, de tous les animaux, les chats, les mouches et les femmes sont ceux qui perdent le plus de temps à leur toilette.

Charles Nodier

Tolérance

La tolérance ? il y a des maisons pour ça !

Paul Claudel

S'il fallait tolérer aux autres tout ce qu'on se permet à soi-même, la vie ne serait plus tenable.

Georges Courteline

Tolérez mon intolérance.

Jules Renard

Tomate

Ne jamais lancer des tomates vertes sur la scène, les comédiens sont superstitieux. Choisissez toujours des tomates bien mûres.

Jean-Louis Fournier

Tombe

Je veux qu'on me creuse trois tombes : une pour mon corps,
une pour mon âme, une pour mes mots.

ALAIN BOSQUET

Tort

Prouver que j'ai raison serait accorder que je puis avoir tort.

BEAUMARCHAIS

Dorénavant, je serai toujours de l'avis de M. le Prince [de Condé],
surtout quand il aura tort.

NICOLAS BOILEAU

Combien de crimes ont été commis simplement parce que
leur auteur ne pouvait supporter d'avoir tort.

ALBERT CAMUS

Malheur aux gens qui n’ont jamais tort : ils n’ont jamais raison.

Prince de Ligne

Torticolis

Mieux vaut attraper un torticolis en visant trop haut,
que devenir bossu en regardant trop bas.

Sylvaine Charlet

Tortiller

Il n’y a pas à tortiller du cuir chevelu pour friser droit.

Pierre Dac

Tortue

Une tortue mérite plus d’estime que certaines réactionnaires
conservateurs. Au moins, elle marche.

Louis Auguste Commerson

Tôt

Le duc de Guise fut assassiné à cinq heures du matin.
Vraiment pas la peine de se lever si tôt !

RAYMOND QUENEAU

Toujours

Chaque fois que j'ai aimé une femme,
ça a toujours été pour toujours.

EUGÈNE LABICHE

Toujours et jamais, c'est aussi long l'un que l'autre.

ELSA TRIOLET

Tour de France

Le Tour de France ? Des drogués sur des vélos
qui se font applaudir par des alcooliques.

Anonyme, cité par FRANÇOISE GIROUD

Tour Eiffel

Grâce à moi, le drapeau français est le seul
à avoir une hampe de trois cents mètres.

GUSTAVE EIFFEL

Touriste

Le voyageur voit ce qu'il voit. Le touriste voit ce qu'il est venu voir.

GILBERT KEITH CHESTERTON

Un touriste se reconnaît au premier coup d'oeil. C'est un individu habillé d'une manière telle que, *s'il se trouvait dans* son propre pays, il se retournerait dans la rue en se voyant passer.

PHILIPPE MEYER

Toussaint

Les morts ont de la chance : ils ne voient leur famille

qu'à la Toussaint.

Pierre Doris

Tout

Quand on refuse tout, on peut se permettre tout.

Jacques Chardonne

Nos hommes d'État ont tout pour eux
(c'est pourquoi, d'ailleurs, il ne reste rien pour les autres).

Henri Rochefort

Les personnes âgées croient tout,
les adultes doutent de tout et les jeunes savent tout.

Oscar Wilde

Traduction

Je ne sais rien de plus émouvant que cette jeunesse éternelle d'un chef d'œuvre qui voit mourir ses traductions, l'une après l'autre, de vieillesse.

Sacha Guitry

Les traductions sont comme les femmes : lorsqu'elles sont belles, elles ne sont pas fidèles et lorsqu'elles sont fidèles, elles ne sont pas belles.

Edmond Jaloux

Traduire

Une œuvre de la langue traduite dans une autre langue : *quelqu'un* passe la frontière en y laissant sa peau, pour revêtir le costume local.

Karl Kraus

Tragédie

Il n'y a que deux tragédies dans la vie :

l'une est de ne pas avoir ce que l'on désire ; l'autre est de l'obtenir.

Oscar Wilde

Trahison

La trahison ne réussit jamais, car, lorsqu'elle réussit,
on lui donne un autre nom.

Proverbe américain

Train

Dans les accidents de chemin de fer, c'est toujours le dernier wagon le plus dangereux. C'est pour cette raison qu'on l'a supprimé.

Pierre Dac

Je n'ai jamais eu la chance de manquer un train
auquel il soit arrivé un accident.

Jules Renard

Traité

Les traités, voyez-vous, sont comme les jeunes filles et les roses :
ça dure ce que ça dure !

Charles de Gaulle

Tranquillisant

Madame, dit le docteur, votre mari a besoin de repos.
J'ai marqué un tranquillisant sur l'ordonnance. Vous en prendrez quatre comprimés par jour.

George Bernard Shaw

Travail

L'homme n'est pas fait pour le travail ;
la preuve, c'est que ça le fatigue.

Georges Courteline

Le travail, c'est la santé…
Mais à quoi sert alors la médecine du travail ?

PIERRE DAC

Le travail, entre autres avantages,
a celui de raccourcir les journées et d'étendre la vie.

DENIS DIDEROT

Le travail est le refuge de tous ceux qui n'ont rien de mieux à faire.

OSCAR WILDE

Travailler

En travaillant, on devient plus bossu que riche.

Proverbe russe

Si l'on veut gagner sa vie, il faut travailler.
Si l'on veut devenir riche, il faut trouver autre chose.

ALPHONSE KARR

Quand on travaille pour des hommes, on en met un coup ;
quand c'est pour des cons, on fait semblant.

Alexandre Soljenitsyne

Triangle

Je viens de rencontrer Isocèle :
il a une idée pour un nouveau triangle.

Woody Allen

Tristesse

Quelque chose monte en moi que j'accueille par son nom,
les yeux fermés. Bonjour tristesse.

Françoise Sagan

Tromper

Vous pouvez tromper tout le monde un certain temps ; vous pouvez tromper quelques personnes tout le temps ; mais vous ne pouvez tromper tout le monde tout le temps.

Abraham Lincoln

Trop

C'est un malheur qu'il y ait trop peu d'intervalle entre le temps où l'on est trop jeune et le temps où l'on est trop vieux.

Charles de Montesquieu

Trottoir

Si on supprimait les « trottoirs d'en face », les piétons n'auraient pas besoin de traverser pour y aller. Ça supprimerait les embouteillages.

Pierre Cami

Troupeau

Les moutons : Mée… Mée… Mé…
Le chien de berger : Il n'y a pas de mais !

Jules Renard

Univers

Je suis toujours stupéfié par les gens qui veulent « connaître » l'univers quand il est si difficile de trouver son chemin dans Chinatown.

WOODY ALLEN

L'Univers n'est jamais qu'une idée fugitive dans l'esprit de Dieu – pensée joliment inquiétante, pour peu que vous veniez d'acheter une maison à crédit.

WOODY ALLEN

Ôtez le genre humain, l'univers est sans témoins.

ANTOINE DE RIVAROL

Universel

L'universel, c'est le local moins les murs.

MICHEL TORGA
(écrivain portugais).

Université

L’université développe toutes les facultés, entre autres la bêtise.

Anton Tchekhov

USA

L’Amérique n’a pas d’idéologie puisqu’elle en est une.

François Furet

Usurier

Un usurier s’occupe de vous au présent,
vous prête au conditionnel, vous ruine au futur.

Joseph Addison

Utile

C’est proprement ne valoir rien que de n’être utile à personne.

René Descartes

V

Vacance

De la vacance des grandes valeurs
naît la valeur des grandes vacances.

EDGARD MORIN

Vache

S'il y a des vaches qui sont devenues folles c'est parce qu'on leur a donné à manger du mouton. D'autres sont devenues capricieuses et elles ont réclamé du couscous.

GUY BEDOS

C'est pas la vache qui suit l'homme, c'est l'homme qui suit la vache.

PIERRE GROLLEAU
(éleveur à Charroux, cité dans *Libération* du 31 août 1996).

Toute vache n'a-t-elle pas dans son cœur un gardien de la paix qui sommeille ? Ne le réveillez pas !

HENRI JEANSON

Vampire

Je viens de lire le mariage de Dracula. C'est terrifiant : il épouse un boudin.

PHILIPPE GELUCK

Vanité

La seule cure contre la vanité, c'est le rire, et la seule faute qui soit risible, c'est la vanité.

HENRI BERGSON

La vertu n'irait pas si loin si la vanité ne lui tenait compagnie.

François de La Rochefoucauld

Tirer vanité de son rang, c'est avertir qu'on est au-dessous.

Marie Leszczynska

Varsovie

Ville polonaise où les arbres ont le droit de pousser la nuit.

Pierre Desproges

Vatican

– *Êtes-vous allé* au Danemark ?
– Oui, j'ai visité le Vatican.
– Mais le Vatican est à Rome !
– Oui, celui de Rome marchait si bien qu'ils en ont construit un au Danemark.

Woody Allen

vendre

Il est des gens qui crient très haut qu'ils n'ont jamais voulu se vendre ; c'est peut-être qu'on ne se serait jamais soucié de les acheter.

GÉRARD DE NERVAL

Venise

La première chose qui frappe l'odorat du voyageur arrivant à Venise, c'est l'absence totale de parfum de crottin de cheval.

ALPHONSE ALLAIS

Venise, c'est le masque de l'Italie.

LORD BYRON

Venise pourrit : on a enlevé les fleurs, il reste l'eau.

JEAN COCTEAU

Venise se noie, c'est ce qui pouvait lui arriver de plus beau.

PAUL MORAND

Venise, oui, je sais. Le soir, c'est presque aussi bien illuminé que la gare de Lyon.

JULES RENARD

À Venise, aux enterrements de troisième classe, la famille suit à la nage.

ROBERT ROCCA

Ventre

Je vais lui tirer les vers du nez pour savoir ce qu'elle a dans le ventre.

EUGÈNE SUE

Ver

Un ver, dans un bocal de raifort, pense qu'il est au Paradis.

Expression juive

Verbe

Au commencement était le verbe : c'était déjà mal parti.

ROGER NIMIER

Vérité

Une demi-vérité est un mensonge complet

Anonyme

La vérité est un mensonge qu'on n'a pas encore découvert.

Plaisanterie soviétique à propos du KGB

Trois sortes de gens disent la vérité :
les sots, les enfants et les ivrognes.

Proverbe allemand

Donnez un cheval à celui qui dit la vérité,
il en aura besoin pour s'enfuir.

Proverbe persan

La vérité appartient à ceux qui la cherchent et non point à ceux qui prétendent la détenir.

CONDORCET

Si tu ne trouves pas la vérité à l'endroit où tu es,
où espères-tu la trouver?

DÖGEN

Ce qui, probablement, fausse tout dans la vie, c'est qu'on est convaincu qu'on dit la vérité parce qu'on dit ce qu'on pense.

SACHA GUITRY

La vérité est le *nom* que les plus forts donnent à leur opinion.

ALPHONSE KARR

La vérité habite un puits, mais sans les porteurs d'eau,
elle y resterait.

EUGÈNE LABICHE

Il est impossible de porter à travers la foule le flambeau de la vérité sans roussir çà et là une barbe ou une perruque.

GEORG CHRISTOPH LICHTENBERG

La vérité d'un homme, c'est d'abord ce qu'il cache.

ANDRÉ MALRAUX

La vérité historique est faite du silence des morts.

ÉTIENNE REY

Si on dit la vérité, on est sûr d'être tôt ou tard démasqué.

OSCAR WILDE

Verre

Mon verre n'est pas grand, mais j'en ai un autre.

CHAVAL

On ne sait jamais qu'un verre était de trop que quand on l'a bu.

GEORGES COURTELINE

Vers

Les plus beaux vers sont ceux qu'on n'écrira jamais.

EDMOND HARAUCOURT

Les excellents vers se reconnaissent à ceci qu'on n'y peut changer ni déplacer un seul mot.

PAUL VALÉRY

Vertige

Quand une œuvre d'art vous donne le vertige, *souvenez*-vous que ce qui donne le mieux le vertige, c'est le vide.

SACHA GUITRY

Vertu

Le monde moderne est plein d'anciennes vertus chrétiennes devenues folles.

GILBERT KEITH CHESTERTON

Il possède toutes les vertus que je déteste
et aucun des vices que j'admire.

WINSTON CHURCHILL,
à propos de Stafford Gripps.

La vertu est le milieu entre deux vices et à mi-chemin des deux.

SÉNÈQUE

Un Anglais voit de la vertu là où il n'y a que de l'incofort.

GEORGE BERNARD SHAW

Il vaut mieux enseigner les vertus que condamner les vices.

BARUCH SPINOZA

Vêtement

Quand vous allez vous noyez, ôtez d'abord vos vêtements,
ils pourront servir au second mari de votre femme.

Proverbe anglais

Veuf

Les femmes vivent plus longtemps que les hommes,
surtout quand elles sont veuves.

Georges Clemenceau

Si ma femme doit être veuve un jour,
j'aime mieux que ce soit de mon vivant.

Georges Courteline

Vice

C'était un si grand homme que j'ai oublié ses vices.

Lord Bolingbroke,
à propos du duc de Marlborough.

Je suis contre toutes les formes de vice, la Vice-Présidence y compris.

Morris K. Udall

Victime

Je déteste les victimes quand elles respectent leurs bourreaux.

Jean-Paul Sartre

Victoire

Les princes qui ont remporté le plus de victoires
sont ceux contre qui personne n’a jamais osé faire la guerre.

Proverbe chinois

Je trouve que c’est une victoire parce que j’en suis sorti vivant
[de la guerre de 14].

Roland Dorgelès

Vie

La vie c’est comme une boîte de chocolats :
on ne sait jamais sur quoi on va tomber.

Extrait du film *Forest Gump*

La vie est un restaurant petit, mauvais et cher.
En plus, c'est trop court.

WOODY ALLEN

Ajouter de la vie aux jours lorsqu'on ne peut plus ajouter
de jours à la vie.

JEAN BERNARD

On se demande parfois si la vie a un sens…
et puis on rencontre des êtres qui donnent un sens à la vie.

BRASSAÏ

La vie humaine est comme le fer, elle s'use dans la pratique
et se rouille dans l'inaction.

CATON D'UTIQUE

La vie inspire plus d'effroi que la mort :
c'est elle qui est le grand inconnu.

EMIL MICHEL CIORAN

La vie m'aura servi de leçon. Je ne recommencerai pas.

Frédéric Dard

La première moitié de notre vie est gâchée par nos parents.
La seconde par nos enfants.

Clarence Darrow

La vie ne m'a pas malmené, je me suis écorché tout seul.

Pierre Desproges

La vie est courte, mais on s'ennuie quand même.

Ernest Feydeau

La première moitié de la vie se passe à désirer la seconde.
La seconde à regretter la première.

Alphonse Karr

Une vie ne vaut rien, mais rien ne vaut une vie.

André Malraux

Vous avez trois âges dans la vie : la jeunesse, l'âge mûr
et celui où on vous dit que vous avez une bonne mine.

Mgr Marty

La vie, c'est ce qui vous arrive alors que vous étiez
en train de prévoir autre chose.

Jeanne Moreau

La vie de chacun d'entre nous n'est pas une tentative d'aimer,
elle est l'unique essai.

Pascal Quignard

La vie n'est ni longue ni courte ; elle a des longueurs.

Jules Renard

Il faut apprendre à mourir, voilà toute la vie.

Rainer Maria Rilke

La vie est une forme de maladie sexuellement transmissible.

Dr Petr Skabanek

Vieillard

En Afrique, un vieillard qui meurt, c'est une bibliothèque qui brûle.

AMADOU HAMPATÉ BÂ

Un vieillard est un homme qui a dîné
et qui regarde les autres manger.

HONORÉ DE BALZAC

Ce vieillard octogénaire qui a déjà un pied dans la tombe,
et qui, de l'autre, a toujours marché dans le sentier de la vertu.

CHRISTOPHE

Un vieillard est un livre *qu'on néglige* de *lire.*

JULIEN GREEN

Un vieillard ne dit pas : « Je t'aime ! », il dit : « Aimez-moi ! »

MAX JACOB

Les vieillards aiment à donner de bons conseils pour se consoler de n'être plus en âge de donner de mauvais exemples.

François de La Rochefoucauld

Plus vieillira l'humanité, plus elle aura besoin de ses vieillards.

Jean Rostand

Vieillesse

J'ai revu un ami l'autre jour. Il avait tellement changé qu'il ne m'a pas reconnu.

Tristan Bernard

Vieillir, c'est passer de la passion à la *compassion*.

Albert Camus

« Je la croyais morte de vieillesse.
– Si elle avait dû mourir de ça, il y a longtemps qu'elle serait morte. »

Alexandre Dumas Fils

Il n'est qu'une manière de bien veillir, c'est de mourir auparavant.

Georges Elgozy

Ne pas honorer la vieillesse, c'est démolir la maison
où l'on doit coucher le soir.

Alphonse Karr

C'est merveilleux la vieillesse… dommage que ça finisse si mal !

François Mauriac

Vieillir, c'est quand on dit « tu » à tout le monde
et que tout le monde vous dit « vous ».

Marcel Pagnol

La vieillesse arrive brusquement, comme la neige.
Un matin, au réveil, on s'aperçoit que tout est blanc.

Jules Renard

La vieillesse, c'est quand on commence à se dire :
« Je ne me suis jamais senti aussi jeune. »

Jules Renard

La vieillesse, c'est le temps où les anniversaires
ne sont plus des fêtes.

Robert Sabatier

Vieillir est encore le seul moyen que l'on ait trouvé
pour vivre longtemps.

Charles Augustin Sainte-Beuve

La vieillesse est la seule maladie dont on n'attende pas la guérison.

Orson Welles

Vieillir

Je m'amuse à vieillir, c'est une occupation de tous les instants.

Paul Léautaud

Vieillir, c'est trois choses : la première, c'est perdre la mémoire, les deux autres je ne m'en souviens plus.

RONALD REAGAN
(au sommet de Toronto, 22 juin 1988).

Je dois vieillir, car maintenant je suis plus intéressé par la nourriture que je mange que par la servante qui me l'apporte.

JOHN STEINBECK

Vieux

Je ne serai jamais vieux. Pour moi, être âgé, c'est avoir quinze ans de plus que moi.

BERNARD BARUCH

Je préfère être un vieux tableau qu'un jeune cadre : ça vaut plus cher !

BERNARD DELVAILLE

Devenir vieux, c'est être de plus en plus puni
pour un crime que l'on n'a pas commis.

ANTHONY POWELL

Ville

La ville a une figure, la campagne à une âme.

JACQUES DE LACRETELLE

Comme une mère, une ville natale ne se remplace pas.

ALBERT MEMMI

Vin

Un bon vin ? c'est pas compliqué :
c'est un vin qu'on a envie de reboire.

Maxime des vignerons en Beaujolais

Pour que le vin fasse du bien aux femmes,
il faut que ce soyent les hommes qui le boivent.

La plaisante sagesse lyonnaise

Le gros-qui-tache est au mouton rothschild
ce que la brebis galeuse est à l'agneau pascal.

Pierre Dac

Le ciel fit l'eau pour Jean-qui-pleure
Et fit le vin pour Jean-qui-rit.

Marc-Antoine Désaugiers

Dieu n'avait fait que l'eau,
Mais l'homme a fait le vin.

Victor Hugo

Le vin rouge français a toujours, en Angleterre, un goût d'encre ;
en France, il a un goût de soleil.

George Moore

Il faut s'efforcer d'être jeune comme un beaujolais
et de vieillir comme un bourgogne.

ROBERT SABATIER

Vingt ans

Écrire des vers à vingt ans, c'est avoir vingt ans.
En écrire à quarante, c'est être poète.

FRANCIS CARCO

Quand on a vingt ans de plus qu'une femme,
c'est elle qui vous épouse.

SACHA GUITRY

Viol

VIOL DE NUIT : TERRE DES HOMMES.

Slogan féministe

Violent

Si nous devenions violents, nous n'aurions plus rien à défendre.

DALAÏ-LAMA

Violon

Quand j'entends jouer du violon, je pense que c'est la vengeance des intestins d'un chat mort.

AMBROSE BIERCE

Je n'ai pas de violon d'Ingres. Je le déplore. J'aurais aimé passer mes journées au travail et mes nuits au violon.

FRANCIS BLANCHE

Visage

La surface la plus passionnante de la terre, c'est, pour nous, celle du visage humain.

GEORG CHRISTOPH LICHTENBERG

Faut-il peindre ce qu'il y a sur un visage ? ce qu'il y a
dans un visage ? ou ce qui se cache derrière un visage ?

PABLO PICASSO

Dieu vous a donné un visage et vous vous en fabriquez un autre.

WILLIAM SHAKESPEARE

Ces visages qu'il suffit de voir une seule fois
pour les oublier à jamais.

OSCAR WILDE

Vision

Les visions ont un heureux instinct, elles n'apparaissent
qu'à ceux qui doivent y croire.

SACHA GUITRY

Visite

On fait toujours plaisir aux gens en venant les voir :

si ce n'est en entrant, c'est en sortant.

DOM CROCHON

Vitalité

Le secret de ma vitalité ? Je n'ai dans le sang que des globules rouges : l'alcool a tué depuis belle lurette tous mes globules blancs.

WINSTON CHURCHILL

Vivant

S'il y a bien des manières d'être vivant,
on n'en connaît encore qu'une seule d'être *mort*.

ANATOLE FRANCE

Vivre

Vivre est une maladie dont le sommeil nous soulage toutes les seize heures ; c'est un palliatif : la mort est le remède.

NICOLAS DE CHAMFORT

Étudiez comme si vous deviez vivre toujours.
Vivez comme si vous deviez mourir demain.

SAINT ISIDORE DE SÉVILLE

Je vivrais mal si je n'écrivais pas et j'écrirais mal si je ne vivais pas.

FRANÇOISE SAGAN,
Réponse à une interview.

Vocabulaire

Il se prépara un grand vocabulaire et attendit toute sa vie une idée.

NATALIE CLIFFORD BARNEY

Quand une science est à bout d'arguments,
elle élargit son vocabulaire.

JACQUES DEVAL

Vodka

Il dit que sa nourrice l'a laissé tomber quand il était petit et,
depuis ce temps-là, il sent légèrement la vodka.

NICOLAS GOGOL

Voir

Si nous voyons plus loin que nos pères,
c'est parce que nous sommes montés sur leurs épaules.

Proverbe chinois, cité par MICHEL OLIVER.

De la vallée, on voit de grandes choses.
Du sommet du pic, on n'en voit que de petites.

GILBERT KEITH CHESTERTON

Voisin

Nous faisons nos amis, nous faisons nos ennemis ;
mais Dieu fait notre voisin.

GILBERT KEITH CHESTERTON

Le voisin est un animal nuisible assez proche de l'homme.

PIERRE DESPROGES

Voiture

Les Français mettent dans leur voiture
autant d'amour-propre que d'essence.

Pierre Daninos

Voler

La migration, c'est les oiseaux qui volent.
L'émigration, c'est les Arabes qui volent.

Les Inconnus, cités dans *7 à Paris*.

Voleur

Voleur, c'est quand on trouve un objet avant qu'il soit perdu.

Coluche

Les voleurs eurent leur revanche le jour où Marx prouva
que la bourgeoisie était coupable de vol.

George Bernard Shaw

Volupté

La volupté est comme la douleur :
elle éteint tout ce qui n'est pas elle.

HENRY DE MONTHERLANT

Vosges

Dans les Vosges, il y a deux saisons dans l'année :
l'hiver et le 15 août.

Anonyme

Voyage

Les voyages prouvent moins de curiosité pour les choses
que l'on va voir que d'ennui de celles que l'on quitte.

ALPHONSE KARR

Acheter un costume neuf, c'est déjà voyager à l'étranger.

GROUCHO MARX

Voyager

On ne voyage pas pour voyager, mais pour avoir voyagé.

ALPHONSE KARR

Vulgaire

On m'a accusé d'être vulgaire, et moi je dis que c'est de la merde !

MEL BROOKS

Vulgarité

Aucun crime n'est vulgaire, mais la vulgarité est un crime.
La vulgarité, c'est ce que font *les autres.*

OSCAR WILDE

Wagner (Richard)

Je ne peux pas écouter trop de Wagner à la fois,
ça me donne envie d'envahir la Pologne.

WOODY ALLEN

J'adore la musique de Wagner. Elle est si bruyante que l'on peut parler tout le temps sans que les autres entendent ce que l'on dit.

OSCAR WILDE

Whisky

« Je vous sers un autre whisky ? Groucho Marx : – Volontiers, merci. Mais, sans glace, ça prend trop de place dans le verre. »

Le whisky est le cognac du con [...] En vieillissant, le whisky gagne en platitude ce qu'il perd en infamie. On peut y conserver ses bébés morts en bas Armagnac.

PIERRE DESPROGES

Yaourt

La différence entre Los Angeles et le yaourt est que le yaourt est le symbole d'une vraie culture.

TOM TASSIK

Yeux

À chaque fois qu'il avait les yeux *en face* des trous, il en profitait pour regarder.

PIERRE ALECHINSKY

En amour, on ne persuade pas facilement aux hommes de mettre leur raison à la place de leurs yeux.

BERNARD DE FONTENELLE

vos yeux brillent comme le fond de mon pantalon.

Groucho Marx

Avoir beaucoup vu et ne rien avoir,
c'est avoir les yeux riches et les mains pauvres.

William Shakespeare

Zèle

Le zèle a tué plus d'hommes que la paresse.

Proverbe corse

Zoo

Au zoo, tous les animaux se tiennent convenablement,
à l'exception du singe. On sent que l'homme n'est pas loin.

Emil Michel Cioran

Remerciements

Merci à tous les amis – collectionneurs de perles ou chasseurs de papillons – qui, en m'adressant quelques-unes de leurs découvertes, ont permis d'enrichir cette boîte aux trésors.

Aucun d'eux ne s'offusquera de ce que cette citation à l'ordre de l'amitié dût céder le pas à l'incontestable ordre alphabétique.

Antoine Audouard ; Jean-Pol Baras ; Pierre Belfond ; Albert Benloulou ; Raymond Castans ; Jean-Loup Chiflet ; Bernard Clavel ; Karsten Diettrich ; Alain Duchesne ; Maurice Grosjean ; Michel Jeury ; Henriette Joël ; Max Labbé ; Suzanna Lea ; Thierry Leguay ; Jean Sauteron ; Luc Soulier ; Robert J. Vidal.

Avec une mention toute spéciale pour Serge Beucler.

Index

DU MÊME AUTEUR

Au bonheur des mots
Robert Laffont, 1989, 1994

Des mots et merveilles
Robert Laffont, 1994

Entre guillemets : nouveau dictionnaire des citations
Robert Laffont, 1997
réédité sous le titre
1 000 mots d'esprit
Les meilleures citations de Confucius à Woody Allen
« Points Le Goût des mots », n° P1869

Versiculets et Texticules
Épigrammes, madrigaux… cinq siècles de poésies fugitives
Robert Laffont, 1999

Merveilles et secrets de la langue française
Reader's Digest, 2000

Le Bouquin des citations
10 000 citations de A à Z
Robert Laffont, « Bouquins », 2001

Pour tout l'or des mots
Au bonheur des mots
Des mots et merveilles
Robert Laffont, « Bouquins », 2001

La Fable express

D'Alphonse Allais à Boris Vian

Le Cherche-Midi, 2002

Des sourires et des hommes

Mots et Cie, 2003

Le Grand Bêtisier des mots

Les plus belles perles d'Aristote à Pierre Desproges

« Points Le Goût des mots », n° P2239

.2 est une création des Éditions Points (Paris, France)
et de Jongbloed bv (Heerenveen, Pays-Bas).

Brevet déposé n° EP 2 040 932

Ce livre a été imprimé sur papier Indoprint fourni par Bolloré Thin Papers (www.bollorethinpapers.com). Indoprint est un papier certifié FSC, fabriqué sans chlore ni soufre. Il a été élaboré à base d'une pâte à papier obtenue dans le respect de l'environnement et du développement durable.

100% FSC www.fsc.org
MIXTE
Issu de sources responsables
FSC® C013585

Réalisation : Nord Compo, Villeneuve-d'Ascq, France
Impression : Jongbloed bv, Heerenveen, Pays-Bas
Dépôt légal : novembre 2011. N° 106061

Chroniques de la haine ordinaire

Pierre Desproges

« Si les hommes font moins de conneries en février, c'est parce qu'ils n'ont que vingt-huit jours. »

Ce volume regroupe les deux tomes des Chroniques parus aux Éditions Points.

Guide de poche des vins de nos régions

Bettane & Desseauve

Pour rencontrer les vignerons les plus talentueux, ou choisir une bouteille sans se tromper, fiez-vous aux conseils de deux experts. Après 10 années de dégustations, Michel Bettane et Thierry Desseauve partagent leurs meilleures adresses. 350 domaines ouverts à la visite et 700 *crus indémodables* à prix réduits. Prenez la route des vins !

350 domaines – 700 vins – 40 cartes – 80 photographies couleurs

Gâteaux et tartes
Christophe Felder

Les pâtes et les tartes, les gâteaux classiques, les gâteaux de l'Avent, découvrez les ficelles du métier avec l'ancien chef pâtissier du Crillon ! Du fraisier au kouign amann, vous serez initiés aux tech*niques des pro*fessionnels : pour réussir à coup sûr tous vos desserts.

70 recettes, 600 photographies couleurs

Des vents contraires

Olivier Adam

Le vide impensable laissé par le départ de Sarah, il n'y aura que la mer pour le combler. Paul emmène ses deux jeunes enfants à Saint-Malo, pour oublier, respirer, et réapprendre à vivre.

Grand Prix RTL-Lire 2009

Extrêmement fort et incroyablement près

Jonathan Safran Foer

Il a neuf ans, Oskar. Il aime les vêtements blancs, collectionne les cactus et a peur des ascenseurs. Son père a disparu un fameux 11 septembre. Oskar cherche *la clé de cette* énigme…

Du côté de chez Swann
Marcel Proust

« Il frappa encore une fois. On ouvrit la fenêtre, puis les volets. Maintenant il n'y avait plus moyen de reculer, et, puisqu'elle allait tout savoir, pour ne pas avoir l'air trop malheureux, trop jaloux et curieux, il se contenta de crier d'un air négligent et gai : "Ne vous dérangez pas, je passais par là, j'ai vu de la lumière, j'ai voulu savoir si vous n'étiez pas souffrante." »

Les visages

Jesse Kellerman

Je m'appelle Ethan Muller, je suis galeriste et je vis à New York. Ma prochaine acquisition : l'œuvre d'un artiste anonyme. Un génie. Et peut-être bien, aussi, un fou sanguinaire.

Grand Prix des lectrices de *Elle* 2010

Mémoire assassine

Thomas H. Cook

« Mon père resta dans la maison deux bonnes heures, muré dans le silence, avec, pour unique compagnie, les cadavres de sa femme et de ses enfants assassinés… Celui qu'il attendait, c'était moi. »

Digne héritier de Jim Thompson, Thomas H. Cook signe là un roman magistral.

Inédit

Le Sens du bonheur
Krishnamurti

« L'Important, c'est d'être à soi-même sa propre lumière, son propre maître et son propre disciple. »

Krishnamurti *(1895-1986)*, *philosophe* et sage indien

Tous les livres en Point Deux

Roman

Des vents contraires, Olivier Adam
Une vie française, Jean-Paul Dubois
Fuck America, Edgar Hilsenrath
Le Pingouin et *Les pingouins n'ont jamais froid*, Andreï Kourkov
La Route, Cormac McCarthy
Les Chutes, Joyce Carol Oates
Les hommes cruels ne courent pas les rues, Katherine Pancol
Extrêmement fort et incroyablement près, Jonathan Safran Foer
À la recherche du temps perdu, Marcel Proust
La Chartreuse de Parme, Stendhal
Mensonges sur le divan, Irvin Yalom

Thriller

Les Visages, Jesse Kellerman
Tout est sous contrôle, Hugh Laurie
Ce cher Dexter, Jeff Lindsay

Policier
Le Poète, Michael Connelly
La Cité des Jarres, Arnaldur Indridason
Les Anges perdus, Jonathan Kellerman
Mort à La Fenice, Donna Leon
La Cinquième Femme, Henning Mankell
Les Soldats de l'aube, Deon Meyer

Noir
Mémoire assassine, Thomas Cook

Sagesse
Petit traité des grandes vertus, André Comte-Sponville
Le Sens du bonheur, Krishnamurti
Le Nouveau Testament

Poésie
Poésie complète, Charles Baudelaire

Histoire
1515 et les grandes dates de l'histoire de France, Alain Corbin (sous la direction de)

Science
Poussières d'étoiles, Hubert Reeves

Humour
Chroniques de la haine ordinaire, Pierre Desproges

Pratique
Les Cakes de Sophie, Sophie Dudemaine
Gâteaux et Tartes, Christophe Felder

Guide
Guide des châteaux de France, Josyane et Alain Cassaigne
Guide de poche des vins de nos régions, Bettane & Desseauve
Promenades dans le Paris disparu, Leonard Pitt